IRMÃS DO INHAME

CB069741

IRMÃS DO INHAME

TRADUÇÃO floresta

mulheres negras e autorrecuperação

wmf **martinsfontes**

Esta obra foi publicada originalmente em inglês com o título
SISTERS OF THE YAM.
Tradução autorizada a partir da edição em língua inglesa publicada pela Routledge,
membro do grupo Taylor & Francis Group LLC.
©2015, Gloria Watkins
Copyright © 2023, Editora WMF Martins Fontes Ltda.,
São Paulo, para a presente edição.

Todos os direitos reservados. Este livro não pode ser reproduzido, no todo ou
em parte, armazenado em sistemas eletrônicos recuperáveis nem transmitido
por nenhuma forma ou meio eletrônico, mecânico ou outros, sem a prévia
autorização por escrito do editor.

1ª EDIÇÃO 2023
3ª TIRAGEM 2025

TRADUÇÃO floresta
ACOMPANHAMENTO EDITORIAL Daniel Rodrigues Aurélio
PREPARAÇÃO DE TEXTO Daniel Rodrigues Aurélio
REVISÕES Hector Lima e Bruna Brezolini
PRODUÇÃO GRÁFICA Geraldo Alves
PAGINAÇÃO Renato Carbone
CAPA E PROJETO GRÁFICO Tereza Bettinardi e Lucas D'Ascenção (assistente de arte)
IMAGEM DA CAPA Kika Carvalho, Série *Encontros*, 2021

Dados Internacionais de Catalogação na Publicação (CIP)
(Câmara Brasileira do Livro, SP, Brasil)

hooks, bell
  Irmãs do inhame : mulheres negras e autorrecuperação /
bell hooks ; tradução floresta. – 1. ed. – São Paulo : Editora
WMF Martins Fontes, 2023. – (Coleção bell hooks).

  Título original: Sisters of the yam: black women and
                  self-recovery.
  ISBN 978-85-469-0458-7

  1. Autoestima 2. Autorrealização 3. Mulheres afro-americanas
I. Título.

23-151025   CDD-155.8496073

Índice para catálogo sistemático:
1. Mulheres afro-americanas : Relações raciais :
Psicologia 155.8496073

Aline Graziele Benitez – Bibliotecária – CRB-1/3129

Todos os direitos desta edição reservados à
Editora WMF Martins Fontes Ltda.
Rua Prof. Laerte Ramos de Carvalho, 133 01325-030 São Paulo SP Brasil
Tel. (11) 3293-8150 e-mail: info@wmfmartinsfontes.com.br
http://www.wmfmartinsfontes.com.br

PREFÁCIO À EDIÇÃO BRASILEIRA .... **VII**

PREFÁCIO À NOVA EDIÇÃO Reflexões luminosas **5**
INTRODUÇÃO Escuridão curativa **13**
1 Em busca da verdade **27**
2 Línguas de fogo: aprendendo a afirmação crítica **41**
3 O trabalho adoça a vida **53**
4 Conhecendo a paz: um fim ao estresse **69**
5 Afastando-se do vício **85**
6 Sonhando-nos escuras e profundas: beleza negra ... **97**
7 Enfrentando e sentindo a perda **117**
8 Movidas pela paixão: Eros e responsabilidade **133**
9 Vivendo para amar **151**
10 Doce comunhão **173**
11 A alegria da reconciliação **189**
12 Tocar a terra **203**
13 Adentrando o espírito **213**

Bibliografia selecionada **223**
Uma entrevista com bell hooks **229**
Índice remissivo **255**

PREFÁCIO À EDIÇÃO BRASILEIRA

Como escrever sobre um presente que é ao mesmo tempo muito desejado, incrivelmente surpreendente e profundamente "nosso"?

Rasga-se o papel de embrulho com ânsia voraz – feito criança em dia de festa –, ou desembrulha-se o regalo em compasso de espera, como se o tempo mais vagaroso tornasse este presente mais demorado?

Gana e dilatação. Essas foram duas sensações que me acompanharam durante as leituras de *Irmãs do inhame*, este presente que bell hooks nos deu. Por vezes a leitura era quase atropelada, numa tentativa caótica de sorver cada palavra escrita, tentando não deixar nada escapar. Em outros momentos, era preciso ir devagar, quase parando, para poder suportar o que se queria esquecer. E, depois de finalizada a leitura, sigo com a certeza de que preciso ler este livro de novo, e de novo.

Não é a primeira vez que sou arrebatada por bell hooks. Devo a ela a possibilidade de pensar que o feminismo é um espaço de criação, articulação e construção de mulheres negras. Também foi por meio dos seus escritos que pude entender como o amor é algo muito maior e mais complexo do que se convencionou achar – uma conclusão doída e libertadora. E é de mãos dadas com ela que me autorizo a escrever esta apresentação em primeira pessoa, mesmo sabendo que este livro não é sobre mim, mas ao mesmo tempo é, e ainda bem, porque faltam livros sobre pessoas como eu, ou como bell hooks, livros que falem sobre mulheres negras, escritos por mulheres negras.

Quem conhece a obra de bell hooks sabe que o feminismo negro e a questão das mulheres são pontos nodais de suas análises e das propostas de transformação social que ela fez ao longo da vida. A centralidade é tamanha que a mulher Gloria Jeans Watkins, nascida em Kentucky em 1952, decidiu abandonar seu nome de batismo, adotando um pseudônimo que homenageava sua bisavó, com a ressalva de que esse pseudônimo deveria ser escrito em letras minúsculas, para que sua obra fosse maior que sua pessoa. E quem se aprofundou um pouco mais nos estudos dessa que, sem dúvida alguma, foi uma das maiores intelectuais dos últimos tempos sabe que bell hooks articula as histórias negras a uma perspectiva mais radical do mundo, perspectiva essa que passa pela constatação e crítica contundente do entrelaçamento nefasto da estrutura racista, patriarcal, sexista e misógina que nos ordena.

Desse modo, pode parecer um pouco estranho que bell hooks também seja autora de um livro de autoajuda. Mas sim, ela é. Só que de um modo bell hooks de ser.

Irmãs do inhame é um livro publicado pela primeira vez em 1993, sendo o nono da longuíssima lista de livros da autora (são mais de 30). A essa altura, bell hooks já era doutora pela Universidade de Califórnia, e intelectual fundamental daquilo que se convencionou chamar de "segunda onda do feminismo", com trabalhos seminais sobre o feminismo negro, tais como *E eu não sou uma mulher* (1981), *Teoria feminista, das margens ao centro* (1984) e *Olhares negros: raça e representação* (1992).

Em grande medida, este livro foi escrito em um mundo em ebulição, quase numa encruzilhada histórica, na qual era possível ouvir os gritos do passado segregacionista dos Estados Unidos, em meio aos berros das duras e longevas lutas negras pela liberdade e cidadania plenas. Um mundo que parecia significativamente diferente e tristemente igual àquele no qual bell hooks nascera e vivera sua juventude.

Como a imensa maioria das crianças negras nascidas na década de 1950 no Sul dos Estados Unidos, as primeiras experiências escolares de bell hooks foram em instituições segregadas. Ela mesma nos conta como essas experiências foram fundamentais, na medida em que permitiram que ela estabelecesse uma relação positiva e amorosa com o espaço escolar e com o acesso ao conhecimento, já que estava entre os seus. Essa sensação foi violentamente transformada quando ela ingressou em escolas integradas, nas quais a métrica do que era bom e do que era desejado tinha como referência uma única cor. Foi ainda criança que bell hooks entendeu o que era supremacia branca.

Viver no mundo integrado, mas cujo marcador de positividade seguia sendo branco, foi o chão que bell hooks precisou pisar, inclusive para transformá-lo. Sua decisão em ser uma mulher negra intelectual e radical parecia pouco compreensível e aceitável tanto nos círculos brancos e acadêmicos que ela passou a frequentar, como em meio à comunidade negra da qual ela era oriunda, que sabia que o peso da segregação não sumiria em duas ou três décadas. Era como se as escolhas pessoais e profissionais de bell hooks a encaminhassem inexoravelmente para a solidão.

Mas aquela também era uma solidão compartilhada. Os olhos aguçados, os ouvidos atentos e o corpo presente de bell hooks foram fundamentais para que ela compreendesse que a supremacia branca, as violências patriarcais e sexistas e a misoginia ganhavam materialidade não só na sua, mas na vida de suas alunas negras, mulheres que pareciam só ter a solidão como companhia certa. E foi a partir dessa percepção que ela ajudou a tecer outros sentidos de irmandade com o grupo de apoio "Irmãs do Inhame", formado por mulheres negras que vivenciavam o espaço universitário. O nome escolhido foi uma homenagem ao romance *The Salt Eaters,* de Toni Bambara, e o reconhecimento da importância do inhame para as comunidades negras em toda a diáspora africana, tendo em vista os poderes curativos desse tubérculo.

Este livro nasceu, pois, do caráter quase incontornável da solidão para as mulheres negras (independentemente de sua classe social), mas também de experiências coletivas que buscavam compreender e preencher essa solidão. Mas havia uma preocupação de bell hooks que era decorrente dessa sua percepção miúda do mundo: ela não queria uma obra circunscrita aos debates acadêmicos ou à militância negra dos Estados Unidos. Ela queria um livro que falasse com mais gente, e viu na literatura de autoajuda um caminho possível para isso.

Mas, ali, ela já estava nos *ensinando a transgredir*. Ao longo de *Irmãs do inhame*, bell hooks dialoga com alguns livros de autoajuda que foram importantes no seu percurso pessoal (de maneira mais ampla) e na confecção deste livro (de maneira mais específica). No entanto ela diz, explicitamente, que não há ajuda possível sem uma perspectiva política das feridas que são imputadas às mulheres negras. É impossível ajudar o que se desconhece. Então, bell hooks nos brinda com um livro sobre autoconhecimento, sobre a necessidade de um mergulho profundo que nós, mulheres negras, precisamos fazer para deixarmos de ser sobreviventes e podermos ampliar o tamanho de nossas vidas. Um mergulho que é em nossas próprias vidas, mas também no mundo em que as vivemos. Como ela mesma diz em certa altura: "Para curar nossas feridas, nós precisamos ser capazes de analisar criticamente nossos comportamentos e mudar".

Então, este é um livro de uma mulher negra, para mulheres negras, sobre mulheres negras. O que obviamente não impede que outros leitores e leitoras o leiam. Ao contrário. Lembrando da necessidade que Audre Lorde reclama de se (re)conhecer a diferença, *Irmãs do inhame* pode ser tomado como um belo convite para se aproximar um pouco de questões íntimas que constituem as vidas das mulheres negras, partindo de um fato nem sempre óbvio: nós, mulheres negras, não somos um bloco homogêneo e amorfo, sobre o qual recaem as violências desse sofisticado sistema de opressão em que vivemos. E a insistência de nos colocar nesse lugar nos adoece naquilo que temos de intransferível: nossa subjetividade.

Pois é. Em *Irmãs do inhame*, bell hooks toma como matéria-prima as complexas camadas que compõem as subjetividades das mulheres negras. E aqui não falamos dos números e estatísticas que geralmente reduzem a vida das mulheres negras a objetos de estudo da sociologia ou da história. bell hooks escreve a partir de experiências vividas por ela e por mulheres próximas a ela, conversas travadas, testemunhos coletados. E, por meio dessas trajetórias, ela cria um grande mapa no qual traça os pontos de confluência, reconhecendo as tramas que são inescapáveis para todas as mulheres negras, mesmo que com intensidades distintas. Por isso, apesar de algumas especificidades circunscritas à história e à sociedade estadunidense, é impressionante como o livro conversa conosco, mulheres negras brasileiras.

O peso dos filhos bem-criados para não ser julgada pela sociedade, e também para garantir a sobrevivência desses filhos nessa mesma sociedade. A dificuldade em reconhecer a beleza do seu corpo e da sua existência. A cobrança em se constituir como uma grande fortaleza intransponível, que suporta todas as dores do mundo. O trabalho, que deve ser bem-feito, mesmo que deixe de ser algo amado ou desejado. O estresse cotidiano que aumenta a pressão arterial. A comida como fuga para o estresse. O convívio doentio com as mais variadas formas de vício. A objetificação e hipersexualização. A incapacidade de vivenciar o descanso. A incapacidade de viver o erotismo na vida real. A morte sempre à espreita. Tudo isso num mundo que insiste em dizer que nada disso importa, que nada disso é realmente relevante. Afinal, para que falar exclusivamente sobre e para as mulheres negras?

Numa abordagem que, além de intimista, flerta com a psicanálise, bell hooks faz um verdadeiro inventário das dores que as mulheres negras carregam, como se essas dores definissem nossas existências. E, ao entender as razões daquilo que dói, ela propõe caminhos possíveis de cura, caminhos que só podem ser trilhados por nós. Não somos um beco sem saída. Pode parecer um pouco piegas, mas bell hooks é insistente em dizer que nós somos a saída.

Existe um hiato de trinta anos entre a publicação de *Irmãs do inhame* nos Estados Unidos e sua tradução para o Brasil. Essa demora diz muito sobre como o racismo segue ordenando a sociedade brasileira, um país que, apesar de ter as mulheres negras como seu maior percentual populacional, segue definindo os lugares sociais que nós, mulheres negras, podemos ocupar. Um lugar que durante muito tempo foi do trabalho exaustivo e subserviente, da ausência de direitos efetivos, do medo da morte violenta, da impossibilidade da representação positiva, da redução de nossas vidas a objetos de pesquisa, quando muito.

Mas não é apenas com esse Brasil que *Irmãs do inhame* dialoga. Impossível ler o livro de bell hooks e não lembrar dos trabalhos fundamentais de psicanalistas negras brasileiras, como Virgínia Bicudo, Neusa Santos Souza e Isildinha Nogueira, que desde a década de 1950 já estavam atentas para a constituição psicanalítica da população negra brasileira, entendendo grande parte da origem de suas dores e de como elas constroem nossas subjetividades. Impossível ler um livro de uma mulher negra, um livro sobre as dores e o processo de cura de mulheres negras e não lembrar do papel central e histórico que as religiões de matriz africana tiveram e continuam tendo na busca da cura de dores e doenças criadas pelas estruturas opressoras já descritas. Não seriam as mães de santo negras brasileiras grandes feiticeiras nessa arte de curar? E o que dizer de associações comunitárias existentes em todas as periferias do país, muitas vezes presididas e ocupadas por mulheres negras? O Slam das Minas? Os muitos grupos de estudo, dança ou discussão organizados por mulheres negras? Não seriam uma espécie de grupo de apoio nos quais as mulheres negras podem, ao menos, nomear sua dor?

Ler o livro de bell hooks é difícil, porque ela lida com o material humano. Uma humanidade que sempre esteve na berlinda, no limite daquilo que define nossa espécie. Mas há redenção nessa leitura. A primeira está nesse diálogo transnacional e diaspórico com experiências de mulheres negras em outros lugares. Experiências que ecoam e dão ainda mais sentido para este livro, porque lembram que ele não é único, não está sozinho. A segunda redenção que enxergo está na própria imagem de uma irmandade construída em torno do inhame. Quem já viu a colheita manual desse tubérculo sabe que é preciso tirar os inhames que nascem em cachos embaixo da terra ao redor da planta-mãe... A colheita do inhame, esse tubérculo da cura, é feita respeitando uma espécie de grande centro gerador, que é a própria planta. Não poderia ter imagem mais bonita para falar sobre dor e o processo de cura de mulheres negras.

E é assim que reforço o convite a todas e todos para essa leitura que nos leva a revolver essa terra em que estamos.

Só me resta agradecer e reverenciar, uma vez mais, a genialidade e a generosidade de bell hooks.

Obrigada pelo presente. Que bom que ele chegou aqui e agora.

Ynaê Lopes dos Santos
Professora de História da América – UFF
15 de maio de 2023

Celebrando a vida e a obra de Toni Cade Bambara, cujos olhar visionário, espírito revolucionário e compromisso apaixonado com a luta nos guiam e alimentam.

"Só quando você tiver certeza, querida, e pronta para ser curada, pois o todo não é uma questão insignificante. Pesa muito quando você está bem."

**Toni Cade Bambara, *The Salt Eaters*
[Os comedores de sal]**

NOTA DA TRADUÇÃO

Já na introdução, hooks afirma se reportar às mulheres negras nesta obra. Dessa forma, o uso do feminino foi priorizado na maioria dos casos, salvo quando a autora se refere a um público mais geral de pessoas — quando lancei mão de algumas estratégias linguísticas, reelaborando estruturas mais tradicionais a fim de neutralizar o gênero da escrita — ou nas citações em que, no original, as autoras tenham optado pelo uso do masculino universal.

PREFÁCIO À NOVA EDIÇÃO
REFLEXÕES LUMINOSAS

Há mais de quarenta anos, quando escrevi *E eu não sou uma mulher?: mulheres negras e feminismo*, o capítulo que mais me contemplou foi "A contínua desvalorização da mulheridade negra". Na conclusão do capítulo, escrevi:

> Esforços generalizados em direção à contínua desvalorização da mulheridade negra dificultam ao extremo e muitas vezes impossibilitam o desenvolvimento de um autoconceito positivo por parte da mulher negra. Pois somos bombardeadas diariamente com imagens negativas. De fato, esse estereótipo e nossa aceitação dele como um modelo viável a partir do qual moldar nossa vida têm formado uma grande força opressora.

Desde que escrevi estas palavras, a mídia de massa dominada pela branquitude mudou pouco suas formas de representação da mulher negra. Nós mudamos. Nos últimos trinta anos, as mulheres negras desafiaram coletivamente o racismo e o sexismo que não apenas moldam a forma como somos vistas, mas determinam a forma como as pessoas interagem conosco. Nós resistimos à desvalorização contínua ao descolonizar nossas mentes, ao combater os estereótipos dominantes em nossa direção e que prevalecem no patriarcado capitalista supremacista branco. Aqui a descolonização refere-se ao rompimento com as formas pelas quais nossa realidade é definida e moldada pela cultura dominante, afirmando nosso entendimento dessa realidade e de nossa própria experiência.

De uma forma revolucionária, as mulheres negras utilizaram a mídia de massa (escrita, cinema, vídeo, arte etc.) para oferecer autoimagens radicalmente diferentes. Essas ações têm configurado uma intervenção. Também ousamos deixar o nosso "lugar" (ou seja, a base de tudo, o lugar onde esta sociedade costuma sugerir que devemos residir). Quando nos transformamos de objetos manipuláveis em sujeitas autoempoderadas, nós, mulheres negras, necessariamente ameaçamos o *status quo*. Todos os vários grupos — homens brancos, mulheres brancas, homens negros etc. — que imaginaram que as mulheres negras existem para ser as "mulas do mundo", que devem fornecer serviços para outras pessoas, tiveram de lidar com a nossa recusa coletiva em ocupar essa posição. Esse desafio do *status quo* criou um sério contra-ataque antinegro em direção às mulheres negras. Um tipo de contra-ataque que combina um racismo feroz e o antifeminismo, que a jornalista Susan Faludi começou a esboçar em seu best-seller *Backlash: o contra-ataque na guerra não declarada contra as mulheres*. De fato, a obra de Faludi apaga qualquer foco sobre a forma como a raça é um fator que determina os graus de contra-ataque. E o fato de Faludi ter podido ignorar completamente a especificidade da raça, e ter mais uma vez reunido as mulheres como um grupo monolítico cujas experiências comuns são mais importantes que as nossas diferenças, anuncia a aceitação de um apagamento dentro dos reinos dos livros feministas populares — obras escritas para alcançar o público de massa — de todo o trabalho que as mulheres negras e racializadas* fizeram (em conjunto com as aliadas brancas na luta) para reivindicar o reconhecimento da especificidade da raça.

O crescimento contínuo do antifeminismo negro, muitas vezes encabeçado por um foco na masculinidade negra ameaçada, reavivou falsas suposições de que os esforços das mulheres negras para resistir ao sexismo e às opressões sexistas são um ataque à vida negra. Mas, ao contrário, uma renovada luta pela libertação negra só pode ser bem-sucedida à medida que inclui a resistência ao sexismo. Ainda assim, há massas de pessoas negras que são encorajadas por lideranças negras sexistas e misóginas, tanto masculinas quanto femininas, a acreditar que mulheres negras arrogantes estão ameaçando nossa sobrevivência enquanto raça. Esse contra-ataque demanda que aquelas entre nós que são conscientes estejam sempre vigilantes em nossos esforços para educar umas às outras; e todas as pessoas negras, para a consciência crítica. O contra-ataque, seja qual for a sua fonte, machuca. O contra-ataque atrasa e impede a luta pela liberdade. Ataques intensos ajudam a criar um contexto de exaustão e desespero. É crucial que as mulheres negras e todas as pessoas aliadas na luta, em especial

---

* No original, "women of color". Recupero o termo "racializadas" do ensaio "Por um feminismo afro-latino-americano" (1988), de Lélia Gonzalez, em que a autora escreve: "Nós somos invisíveis nos três aspectos do movimento de mulheres; mesmo naquele em que nossa presença é maior, somos descoloridas ou desracializadas e colocadas na categoria popular". [N. T.]

homens negros progressistas, aproveitem ao máximo o momento presente para renovar nosso comprometimento com a libertação negra e a luta feminista.

Em minha prática cotidiana como professora, escritora e ativista, eu me esforço muito para encontrar formas de compartilhar o pensamento feminista e a luta pela libertação negra com grupos diversos de pessoas, e não apenas com aquelas entre nós envolvidas em instituições acadêmicas. Os anos que passei inventando estratégias para alcançar um público mais amplo me convenceram de que precisamos explorar todos os meios para compartilhar informações. De início, foi o sucesso do livro de autoajuda *Mulheres que amam demais* que me convenceu de que as mulheres de todas as raças, classes e orientações sexuais leriam obras que contemplassem suas preocupações e, o mais importante, suas dores e o desejo de transformar suas vidas. Esse livro, no entanto, como muitos outros livros de autoajuda direcionados às mulheres, me inquietou porque a obra negou que o patriarcado é algo institucionalizado. O livro fez parecer que nós, mulheres, poderíamos mudar tudo em nossa vida com simples atos de força de vontade. A obra nem mesmo sugere que precisaríamos nos organizar politicamente para transformar uma sociedade em conjunção com nossos esforços de autotransformação.

Entretanto, desde que passei a usar a literatura de autoajuda de forma consistente para trabalhar as áreas da minha vida em que me sentia disfuncional, eu comecei a guardar um profundo respeito por essa literatura, independentemente de suas limitações. Para aquelas entre nós que não podem arcar com uma terapia, ou que tiveram horas infindáveis de terapia que não surtiram efeito, esses outros guias são de grande ajuda. Já faz algum tempo também, eu tenho percebido que é impossível criar movimentos efetivos pela mudança social se os indivíduos envolvidos na luta por essa mudança também não são autoatualizados nem trabalham em direção a esse fim. Quando indivíduos feridos se reúnem em grupos em prol de uma mudança, nossa luta coletiva costuma ser prejudicada por tudo aquilo que não foi tratado emocionalmente. Aquelas entre nós comprometidas com o movimento feminista, com a luta pela libertação negra, precisam trabalhar na autoatualização. Na antologia *The Black Woman* [A mulher negra], Toni Cade Bambara nos lembra que "a revolução começa no eu e com o eu". Ela nos convoca a ver a autoatualização como parte de nossos esforços políticos para resistir à supremacia branca e à opressão sexista.

Muitas de nós ansiamos por ver a união entre nossos esforços políticos para mudar a sociedade e nossos esforços para sermos individualmente autoatualizadas. Tem sido nosso desejo politizar os movimentos de autorrecuperação. Ainda assim, trabalhando para ajudar a educar mulheres negras para a consciência crítica, eu muitas vezes percebi que as pessoas sentiam que não tinham tempo para realizar um trabalho político porque sentiam que havia tantas coisas confusas em suas mentes, ou em seu cotidiano, que elas mal podiam manter o controle da própria vida. Sinceramente, as pessoas estão mais preocupadas em lidar com a própria vida do que com questões políticas maiores, questões que não parecem se cruzar com essa necessidade nem prometem potencializar aquela busca. Essa perspectiva é compreensível, mas muito limitada também. Ignora por demais o mundo ao nosso redor. O desejo de criar um contexto em que, enquanto mulheres negras, nós podemos trabalhar em nossos esforços individuais pela autoatualização e ao mesmo tempo nos manter conectadas a um universo mais amplo da luta coletiva me levou a considerar a escrita de um livro de autoajuda que contemplasse especialmente nossas preocupações. Eu senti que um livro desse tipo falaria melhor às mulheres negras e a todas as pessoas que quisessem nos conhecer, e talvez até a si mesmas.

Meditar demorada e profundamente sobre o ensaio de Audre Lorde, "Olho no olho", foi o catalisador que me levou a me esforçar mais para escrever um livro que contemplasse um público mais amplo de mulheres negras. Em seu ensaio, Audre Lorde encoraja as mulheres negras a posicionarem nossa luta pela autoatualização no centro de nossa vida cotidiana. Ela nos ensina:

> Aprender a nos amar como mulheres negras vai muito além da insistência simplista de que "negro é lindo". Vai além e mais fundo do que a apreciação superficial da beleza negra, embora este seja, com certeza, um bom começo. Mas se ainda resta a busca de recuperar a nós mesmas e umas às outras, então aceitamos uma outra medida superficial do eu, sobreposta à anterior e quase tão nociva quanto, pois não passa da superfície. E sem dúvidas não é mais empoderadora. E o empoderamento — nosso fortalecimento a serviço de nós mesmas e de cada uma de nós, a serviço do nosso trabalho e do nosso futuro — será o resultado dessa jornada.

Viver os ensinamentos de Lorde me inspirou a escrever este livro sobre autorrecuperação, um livro que contemplará particularmente as necessidades e preocupações das mulheres negras.

Nos últimos trinta anos, muitas mulheres negras tiveram a alegria de viver uma ligação extasiante umas com as outras. Testemunhamos o poder da irmandade. Experimentamos a autorrecuperação. Nós conhecemos, e continuamos a conhecer, as recompensas de lutarmos juntas para mudar a sociedade de forma que possamos viver em um mundo que afirme a dignidade e a presença da mulheridade negra. De muitas formas, *Irmãs do inhame: mulheres negras e autorrecuperação* é uma manifestação dessa alegria e uma expressão da consciência de que devemos estar sempre vigilantes — e de que a luta continua.

INTRODUÇÃO
ESCURIDÃO CURATIVA

Irmãs — e vocês, pessoas amigas, amadas e camaradas —, eu as saúdo no amor e na paz. É domingo, uma bela tarde de primavera, o mundo transborda de beleza e esplendor. Cada aspecto da natureza é repleto de vida. Aquilo que pareceu morto, mas estava simplesmente dormindo, recomeça a crescer. Simbolizada por dias sagrados que celebram a ressurreição e a renovação, é chegada a época de todas as coisas serem renovadas — um tempo feliz. Pela manhã, quando saí para uma caminhada meditativa, eu senti como se o mundo ao meu redor — os pássaros, as flores, a grama verde recém-cortada — fosse um bálsamo calmante, do tipo que a vó passava em várias partes do nosso corpo para curar qualquer dorzinha. Quando crianças, nós achávamos que seus unguentos caseiros tinham poderes mágicos curativos. Hoje estou convencida de que a mágica, o poder da cura, residia em suas mãos escuras, quentes e amáveis — mãos que sabiam nos tocar e nos fazer sentir inteiras, que sabiam fazer a dor ir embora.

Este é um livro sobre cura, sobre formas de fazer a dor ir embora. Como todos os livros que já escrevi, este livro vem a mim de lugares escuros e profundos em meu interior, lugares secretos e misteriosos, onde mora minha ancestralidade, ao lado de incontáveis espíritos e anjos. Quando eu era uma menina, o pai da minha mãe, o vovô Gus, me ensinou que tudo na vida era morada de espíritos, que só tínhamos que parar para ouvir suas vozes. O mundo espiritual da minha criação foi, portanto, muito semelhante àqueles descritos nos romances de Toni Morrison, Paule Marshall ou Ntozake Shange. Havia em nosso cotidiano um envolvimento profundo e sempre presente com as dimensões místicas da fé cristã. Havia as tradições secretas da nossa ancestralidade — pessoas africanas e nativo-americanas — que forneceram àquela nova raça de gente negra, nascida aqui nesta porção de terra, toda uma filosofia que nos falava da forma de sermos uma unidade em conjunto com o universo e nos ensinava a levar a vida. Essas tradições foram compartilhadas pelas pessoas mais velhas de nossa gente antiga, que creram em segredo, que conservaram a fé. Havia a magia especial do Caribe, presente no vodum, aquele trato com as raízes que a mãe do meu pai, Irmã Ray, dominava (ou assim todo mundo dizia). E eu lembro, sobretudo, que as pessoas a temiam — ela era vista como uma mulher de poder.

Tendo vivido em um mundo sulista segregado e em um mundo integrado, onde as pessoas negras vivem entre as pessoas brancas, a diferença que eu vejo é que no mundo tradicional da experiência da gente negra havia (e ainda há em alguns lugares e com certeza em muitos corações) uma profunda e inabalável crença no poder espiritual que as pessoas negras têm de transformar o nosso mundo e viver com integridade e unidade apesar das realidades sociais opressivas. Nesse mundo, as pessoas negras acreditavam coletivamente em "poderes superiores", sabiam que forças mais poderosas que a vontade e o intelecto da humanidade moldavam e determinavam nossa existência, a forma como vivíamos. Por isso essas pessoas negras aprenderam e compartilharam os segredos da cura. Elas sabiam como ter uma vida boa e longa apesar das adversidades (os males causados pelo racismo, pelo sexismo e pela exploração de classe), das dores, das privações, da pobreza implacável e da contínua realidade da perda. Elas conheciam a alegria, aquele sentimento que nos toma quando usamos nossos poderes ao máximo. Apesar do sexismo desse mundo negro segregado, o mundo da espiritualidade e da magia foi onde as mulheres negras professoras, pregadoras e curandeiras trabalharam com tanta habilidade, poder e intuição quanto seus companheiros homens. Tendo sido criada em tal ambiente, eu pude testemunhar e aprender. Mas, ainda assim, como as pessoas mais velhas antes de mim que foram obrigadas pelas circunstâncias a deixar, voluntária ou involuntariamente, seu lar ancestral, eu deixei aquele mundo do meu início e adentrei no estranho mundo universitário predominantemente branco e elitista. Mas levei comigo para esse mundo formas de conhecimento e de entendimento da realidade que estava determinada a conservar. Eram minhas ligações com as tradições culturais negras de afirmação da vida. E de fato foram a vontade e o caminho da minha ancestralidade que me sustentaram durante essa época da minha vida e que ainda me sustentam.

    Nos últimos vinte anos, estive preocupada em adquirir conhecimento nos livros sobre muitos assuntos. Decidi ser escritora quando ainda morava em casa, ainda no jardim de infância, e, claro, tornei isso público e compartilhei meu trabalho com a família e com pessoas amigas. Todo mundo concordou que eu tinha talento. Eu podia atuar e escrever. Fui para a faculdade estudar teatro e todo mundo acreditava que um dia eu voltaria para casa, para o mundo da minha ancestralidade, e seria professora de escola pública. Eu não voltei. Anos antes de falecer, Baba, a mãe da minha mãe, costumava me perguntar: "Glory, como você consegue viver tão longe da sua gente?". Eu sabia o que as palavras dela significavam. Ela estava me perguntando como eu conseguia viver sem a comunhão e a comunidade diárias da minha ancestralidade, do meu parentesco e da minha família — como eu podia sustentar minha razão de viver uma vez que tinha sido criada para acreditar que essas conexões davam substância e significado para a vida. Eu não sabia o que responder. Eu baixava a cabeça para ela não ver as lágrimas nos meus olhos. Eu não podia dizer honestamente que tinha encontrado uma nova comunidade, novos parentescos. Eu só sabia que era habitada por um espírito errante e incansável que buscava aprender coisas em um mundo distante da minha gente. Muito do que aprendi nesse mundo não afirmava a vida. Com o desejo de me tornar uma intelectual, permaneci na faculdade. Aprendi algumas coisas importantes. Me tornei uma pensadora crítica forte e ousada, expressando minhas ideias publicamente na produção de teorias feministas, na crítica literária e, mais recentemente, na crítica cultural. A artista dentro de mim se expressava mais no espaço privado. Aí eu pensava e sonhava com o mundo da minha ancestralidade. Eu ansiava pela riqueza do meu passado, queria tornar a ouvir a sabedoria das pessoas mais velhas, me sentar aos pés delas e ser tocada pela sua presença.

Vivendo e trabalhando em ambientes predominantemente brancos, passando por situações em que as pessoas negras parecem confusas e incertas sobre política e identidade, eu comecei a pensar profundamente na forma como a vida coletiva das pessoas negras no patriarcado supremacista branco contemporâneo se tornou fundamentalmente alienada das visões de mundo e das práticas enaltecedoras da vida. Muitas pessoas negras se veem apenas como vítimas, incapazes de moldar e determinar seu próprio destino. Apesar das poderosas lutas antirracistas dessa sociedade, expressas pelo movimento em prol dos direitos civis dos anos 1960 e pelo movimento Black Power, o racismo internalizado manifestado pelo auto-ódio e pela baixa autoestima se intensificou. A pobreza devastadora e as crescentes lacunas entre as pessoas negras que ganharam acesso ao privilégio econômico e a vasta maioria que, ao que parece, ficará pobre para sempre dificultam a construção e o sustento da comunidade por parte dos indivíduos. Os laços de parentesco entre as pessoas negras são mais facilmente ameaçados e rompidos agora do que em outros momentos históricos, quando o bem-estar material era mais difícil de ser obtido pelas pessoas negras. O vício generalizado, difundido em todas as classes de pessoas negras, é outra indicação de nossa crise coletiva. As pessoas negras são, de fato, feridas por forças dominadoras. Apesar de nosso acesso aos privilégios materiais, todas as pessoas negras são feridas pela supremacia branca, pelo racismo, pelo sexismo e por um sistema econômico capitalista que nos condena coletivamente a uma posição de subclasse. Essas feridas não se manifestam apenas por meios materiais, mas afetam nosso bem-estar psicológico. Nós, pessoas negras, somos feridas em nossos corações, mentes, corpos e espíritos.

Embora muitas pessoas entre nós reconheçam a profundidade de nossas dores e feridas, nós não costumamos nos organizar coletivamente e de forma contínua para encontrar e compartilhar maneiras de nos curar. Mas nossa literatura ajudou nisso. Artistas negras progressistas têm demonstrado uma preocupação incessante em curar nossas feridas. Grande parte da célebre ficção produzida por escritoras negras se preocupa em identificar nossas dores e imaginar a construção de mapas para a cura. Livros como *Sassafrass, Cypress and Indigo* [Sassafrás, cipreste e índigo]; *O olho mais azul*; *A cor púrpura*; *Praisesong for the Widow* [Louvor para a viúva]; *Maru*; *The Salt Eaters* [Os comedores de sal] e muitos outros abordam a ferida psíquica profunda e geralmente sem nome que ocupa seu lugar no cotidiano das pessoas negras nessa sociedade. Essa ficção é popular porque remete à dor com a qual as pessoas negras lidam. E de fato, muitas pessoas não negras também encontram nessas obras mapas de cura que podem usar em seu cotidiano. No meu papel de professora, ensinando sobre a obra de pessoas negras no geral, e sobre a obra de escritoras negras em particular, eu tenho me tornado mais plenamente consciente de nosso sofrimento coletivo contemporâneo. Ensinando pessoas negras jovens em uma das universidades mais prestigiadas de nossa sociedade, eu fiquei impressionada com sua falta de autoconsciência e compreensão, com sua falta de conhecimento da história e da cultura negras e com a profunda ansiedade e desespero tão difundidos em suas vidas.

Quando minhas alunas negras vinham até a minha sala depois de ler esses romances para confessar a verdade da vida delas — que eram aterrorizadas psicologicamente pela baixa autoestima; que eram vítimas de estupro, incesto e violência doméstica; que viviam com medo de serem desmascaradas como inferiores em relação aos seus pares brancos; que o estresse estava fazendo o cabelo delas cair; que a cada dois meses uma delas tentava suicídio; que eram anoréxicas, bulímicas ou viciadas em drogas — eu ficava chocada. A maioria dessas alunas tinha sido criada em contextos de privilégio material. Mas ainda assim eu enxergava na vida delas os mesmos problemas tão visíveis entre as pessoas negras pobres e da classe baixa, problemas que costumam ser vistos pelos progressistas na sociedade mais ampla como questões enraizadas sobretudo na economia. Contudo, o que as experiências daquelas jovens negras indicavam era que o problema não era simplesmente econômico. Isso, é claro, fez sentido para mim. Eu fui criada em um mundo de pessoas negras pobres e de classe baixa que, ainda assim, tinham uma visão positiva da vida. Eu sabia que a pobreza, por si só, não precisa ser necessariamente uma condição que promove tanto niilismo e desespero.

Quando minhas alunas negras liam *The Salt Eaters*, o romance de Toni Bambara, em minha aula sobre escritoras negras, várias delas vinham me falar sobre a identificação que tiveram com Velma, uma personagem do livro que tenta suicídio já no início da obra. Ao ouvir aquelas mulheres descrevendo seu sentimento de distanciamento e solidão, eu senti que um grupo de apoio era necessário e ajudei a organizá-lo. Há uma passagem em *The Salt Eaters* em que as ancestrais negras, uma viva e uma morta, se reúnem para falar sobre a cura de Velma. A mais jovem, Minnie Ransom, diz para a mais velha: "O que tem de errado, Velha? O que está acontecendo com as filhas do inhame? Parece que elas não sabem tirar os poderes das profundezas como antes".

Eu me identifiquei fortemente com esse trecho. Ciente de ter sido criada entre homens e mulheres negras que tinham contato com seus poderes de cura, que me ensinaram a "tirar os poderes das profundezas", eu lamentei por essa nova geração que me parecia tão moderna, tão sofisticada e tão perdida. E pensei que deveríamos chamar nosso grupo de "Irmãs do inhame" para homenagear a obra de Bambara e a sabedoria que ela nos ofereceu. Também senti que o "inhame" era um símbolo de sustentação da vida para o parentesco e a comunidade negras. Em qualquer lugar onde as mulheres negras vivem, nós comemos inhame. O inhame é um símbolo de nossas conexões diaspóricas. O inhame nutre o corpo enquanto alimento e também é usado de forma medicinal — para a cura do corpo. Nossa esperança coletiva era de que o grupo fosse um espaço onde as mulheres negras pudessem nomear suas dores e encontrar formas de cura. O poder do grupo de transformar a vida umas das outras parecia ser determinado pela intensidade do desejo de cada uma de se recuperar, de encontrar um espaço dentro e fora, onde ela pudesse sustentar a vontade de estar bem e criar hábitos de vida afirmativos. The Salt Eaters começa com uma pergunta feita pela curandeira mais velha. Ela diz para Velma, que tentou se matar e está quase morta: "Querida, você tem certeza de que quer estar bem?". Apenas uma resposta afirmativa torna a cura possível. Em sua introdução para a recém-publicada antologia de ensaios *The Black Women's Health Book: Speaking for Ourselves* [O livro da saúde da mulher negra: falando por nós mesmas], Evelyn White lembra a todas as leitoras das terríveis estatísticas que documentam os sérios problemas de saúde enfrentados pelas mulheres negras. De forma significativa, ela relata que "mais de cinquenta por cento das mulheres negras vivem em um estado de tensão emocional". Isso vai surpreender a poucas mulheres negras, que são agredidas diariamente por estruturas de dominação institucionalizadas que têm como uma de suas principais agendas minar nossa capacidade de vivenciar o bem-estar.

 Nos grupos de apoio "Irmãs do inhame", que continuaram por anos, nós descobrimos que uma importante fonte de cura emergia quando entrávamos em contato com todos os fatores em nossa vida que estavam causando uma dor em particular. Para as mulheres negras, e para os homens negros também, isso significa aprender sobre a miríade de formas pelas quais o racismo, o sexismo, a exploração de classe, a homofobia e diversas outras estruturas de dominação operam em nosso cotidiano a fim de minar nossa capacidade de autodeterminação. Sem saber quais fatores que a princípio criaram determinados problemas, nós não podemos começar a desenvolver estratégias significativas de resistência pessoal e coletiva. A autorrecuperação das mulheres negras, como toda autorrecuperação negra, é uma expressão de uma prática política libertária. Vivendo – como vivemos – em um contexto patriarcal capitalista supremacista branco, que pode melhor nos explorar quando não temos uma base firme no eu e na identidade (a consciência de quem somos e de onde viemos), escolher o "bem-estar" é um ato de resistência política. Antes de manter efetivamente um engajamento na luta organizada pela resistência, no movimento de libertação negra, muitas pessoas entre nós precisam passar por um processo de autorrecuperação que ajude a curar feridas individuais que possam impedir que funcionemos plenamente.

Em *Irmãs do inhame: mulheres negras e autorrecuperação*, meu desejo é compartilhar as estratégias de autorrecuperação que eu e outras mulheres negras usamos para curar nossa vida nos grupos de apoio "Irmãs do inhame" e em outros lugares. Embora eu escreva sobre o processo de cura enquanto indivíduo, o entendimento compartilhado é coletivo. Emerge da minha experiência de vida em comunidade e comunhão com pessoas negras. E embora nossa cura coletiva como povo deva ser um processo coletivo, o que inclui os homens negros, aqui eu falo diretamente às mulheres negras, pois sou mais familiarizada com as questões que enfrentamos.

Muitas vezes, quando digo para pessoas negras que eu acredito que o campo da saúde mental, do bem-estar psíquico, é uma arena importante para a luta pela libertação negra, elas rejeitam a ideia de que qualquer "terapia" — seja num programa de autoajuda ou num ambiente terapêutico profissional — poderia ser um local de práxis política. A terapia tradicional, as práticas psicanalíticas convencionais, não costumam considerar a "raça" como uma questão importante, e como resultado não abordam de forma adequada os dilemas da saúde mental enfrentados pelas pessoas negras. Mas esses dilemas são bem reais. Eles persistem em nosso cotidiano e minam nossa capacidade de viver de forma plena e feliz. E até nos impedem de participar da luta coletiva organizada que visa acabar com a dominação e transformar a sociedade. Na vida tradicional do povo negro do Sul, havia o pleno reconhecimento de que as necessidades do espírito tinham de ser atendidas para que o indivíduo fosse plenamente autoatualizado. Em nossa experiência religiosa convencional, cantamos canções que apresentam questões profundas como: *Como vai a sua alma? Você se sente livre e completo?** Os problemas psicológicos não eram ignorados. Eram tratados por pessoas "curandeiras" de todo tipo, geralmente não certificadas, para quem as pessoas sabiam que podiam levar seus problemas. Nos anos antes do advento da televisão, as pessoas falavam umas com as outras. As conversas e as contações de histórias eram ocasiões importantes para o compartilhamento de informações sobre o eu, para a cura. Lembremo-nos de que a psicoterapia costuma ser chamada de "cura pela fala".

Recentemente, ao lado de outras pessoas convidadas, participei de um programa cujo foco era a crise na família

---

* Em inglês no original: *Is it well with your soul? Are you free and made whole?* Variação da letra de um hino cristão intitulado "Is It Well With Your Soul?" (1922), composto por James Rowe. [N. T.]

negra e como essa crise pode ser exemplificada pela violência doméstica. Convidaram-nos a sugerir estratégias que ajudariam nisso. Eu sugeri que as famílias negras conversassem mais entre si, de forma franca e sincera. Em seu ensaio "Dying as the Last Stage of Growth" [A morte como o último estágio do crescimento], Mwalimu Imara fala sobre a importância da comunicação franca:

> É raro pensarmos assim, mas a conversa é um compromisso. Penso que seja difícil expressar o que eu sinto de verdade e dizer para uma outra pessoa o que de fato importa para mim no momento. Isso requer um compromisso da minha parte, e sinto que isso se aplica à maioria de nós. E é igualmente difícil ouvir. Costumamos carregar tantos pensamentos e respostas que é raro ouvirmos de verdade e com atenção suficiente a outra pessoa para captar o verdadeiro teor daquilo que ela está tentando transmitir. A comunicação criativa, no fundo, é o que nos permite experimentar uma noção de pertencimento. É a força que limita o potencial destrutivo em nossa vida e aquilo que promove os aspectos do crescimento. A vida é uma luta. Lidar com uma vida inteira de mudanças é uma luta, mas numa vida inteira de mudanças nós só podemos nos sentir pessoas plenas à medida que nos permitimos esse compromisso com as outras pessoas, o que nos mantém em um diálogo criativo.

É importante que as pessoas negras conversem entre si, que conversemos com nossas amizades e alianças, pois o ato de contar nossas histórias nos permite nomear nossa dor, nosso sofrimento, nos permite buscar a cura.

Quando abri meu exemplar batido de *The Salt Eaters* hoje, eu encontrei algumas palavras escritas a lápis na contracapa. Elas foram ditas para mim por uma aluna em busca de recuperação: "A cura acontece pelo testemunho, pela união de tudo aquilo que está aí e pela reconciliação". Este é um livro sobre reconciliação. Seu intuito é servir como um mapa, traçar uma jornada que pode nos levar de volta para aquele lugar escuro e profundo dentro de nós, onde nos demos a conhecer e a amar pela primeira vez, onde os braços que nos seguraram ainda nos abraçam.

1

EM BUSCA DA VERDADE

> Precisamos estudar de forma consciente as formas de sermos carinhosas umas com as outras até isso se tornar um hábito, pois o que era nativo nos foi roubado – o amor que as mulheres negras sentem umas pelas outras. No entanto, podemos praticar a gentileza umas com as outras sendo gentis com aquela parte de nós mais difícil de segurar, nos dando mais para a menina corajosa e ferida dentro de cada uma de nós, esperando um pouco menos de seus esforços gigantescos para se distinguir. Podemos amá-la na luz e também na escuridão, aquietar seu frenesi na busca pela perfeição e encorajá-la a concentrar seus esforços na realização [...]. Munindo-nos de nós mesmas e umas às outras, podemos nos encarar frente a frente no interior desse amor rigoroso e começar a falar o impossível — ou o que sempre pareceu impossível — umas para as outras. Esse é o primeiro passo para a mudança genuína. Em algum momento, se falamos a verdade umas para as outras, a verdade se tornará inevitável para nós.
>
> **Audre Lorde, "Olho no olho: mulheres negras, ódio e raiva",** *Irmã Outsider*

A cura acontece dentro de nós quando falamos a verdade da nossa vida. Na popular discussão de M. Scott Peck sobre uma nova psicologia da cura em *The Road Less Traveled* [A trilha menos percorrida], ele enfatiza a ligação entre a dedicação à verdade e a nossa capacidade de nos sentirmos bem. Ele pontua: "Invariavelmente, uma das origens da enfermidade mental é um sistema interligado das mentiras que ouvimos e das mentiras que contamos a nós mesmos". O compromisso com o gesto de dizer a verdade é, assim, o primeiro passo em qualquer processo de autorrecuperação. Uma cultura de dominação é necessariamente uma cultura em que mentir é uma norma social aceitável. Em que, na verdade, a mentira é mandatória. As pessoas brancas sabiam que estavam mentindo quando diziam para o mundo que as pessoas africanas escravizadas que trabalhavam de sol a sol eram "preguiçosas". A supremacia branca sempre se apoiou em uma estrutura de engano para perpetuar estereótipos raciais degradantes, nos mitos de que as pessoas negras seriam inferiores e mais "animalescas". Dentro do processo de colonização, as pessoas negras foram socializadas de modo a acreditar que a sobrevivência só era possível se elas aprendessem a enganar. E, de fato, muitas vezes esse foi o caso.

As pessoas escravizadas costumavam "mentir" para as pessoas brancas opressoras a fim de escapar de uma punição violenta ou do assassinato. Elas aprenderam que a arte de se esconder por trás de uma falsa aparência poderia ser útil no trato com o senhor e a sinhá. Uma boa mentira podia garantir a segurança de alguém, podia ajudar a obter acesso a recursos maiores ou tornar a resistência possível. As narrativas da escravidão testemunham que a habilidade de enganar era um requisito para a sobrevivência. Uma coletânea de narrativas da escravidão editada por Gilbert Osofsky leva o título de *Puttin' On Ole Massa* [Ludibriando o velho mestre]. Em *Incidentes na vida de uma menina escrava*, Harriet Jacobs expressa um orgulho maternal por seus filhos terem aprendido desde cedo que tinham de manter seu esconderijo em segredo para protegê-lo das pessoas brancas opressoras e das pessoas negras não confiáveis. Um provérbio jamaicano que costumava ser falado entre as pessoas escravizadas incitava a "se fazer de bobo para enganar o tolo". Isso era algo considerado essencial para a sobrevivência das pessoas negras, ainda que fosse necessário mentir e enganar.

Quem lê as narrativas da escravidão sabe que as pessoas negras religiosas expressaram raiva e fúria por terem sido forçadas pelas circunstâncias sociais opressoras a cometer o pecado da "mentira". As pessoas escravizadas expressaram uma justa indignação diante do fato de as pessoas brancas opressoras terem criado uma estrutura social desumanizante em que dizer a verdade podia ser um gesto valorizado, mas não praticado, e na qual as pessoas negras eram julgadas inferiores por sua "inabilidade" de serem sinceras. Capturadas em um duplo dilema, em que, por um lado, acreditavam na importância da sinceridade, mas, por outro, sabiam que não era prudente falar sempre sinceramente com uma figura opressora, as pessoas escravizadas, de forma ponderada, ocultavam informações e mentiam quando necessário. Mesmo as pessoas negras livres sabiam que o poder da supremacia branca pode ser tão facilmente estabelecido de uma forma opressora que elas também praticavam a arte de se esconder por trás de uma falsa aparência em prol da sobrevivência. Em *The Narrative of Lunsford Lane* [A narrativa de Lunsford Lane], publicado em 1848, Lane declarou que, mesmo depois de liberto,

> medi esforços para não me portar de modo desagradável aos olhos dos habitantes brancos, ciente como era de seu poder e de sua hostilidade para com as pessoas de cor [...]. Primeiro, não ostentava a pequena propriedade ou as parcas quantias que possuía, mas em todos os sentidos me imbuía tanto quanto possível do aspecto da escravidão. E então, jamais demonstrei ser tão inteligente quanto realmente era. E isso toda a gente de cor do Sul, livre e

escrava, julgava particularmente necessário observar em nome de seu bem-estar e segurança.

As realidades do cotidiano de uma nação supremacista branca como os Estados Unidos transmitiram às pessoas negras nos longos anos após o fim da escravidão que abandonar essa prática da dissimulação ainda não fazia parte de seus interesses. A contínua opressão racial, em especial quando tomou a forma de linchamentos e assassinatos explícitos, deixou claro para todas as pessoas negras que era melhor tomarem cuidado ao falar a verdade para as pessoas brancas.

Um poema muito citado de Paul Laurence Dunbar fornece um testemunho eloquente de como as pessoas negras eram conscientes da forma como tinham de praticar a falsidade em seu cotidiano:

> Nós usamos a máscara que sorri e mente
> Oculta o rosto e tolda nossos olhos
> Pagamos essa dívida para a malícia humana
> Com o coração desfeito, sangrando, sorrimos,
> A boca uma miríade de sutilezas.
>
> Por que deveria o mundo ser tão versado
> Na soma de nossas lágrimas e suspiros?
> Não, deixe que nos vejam assim tão só
> Quando usamos a máscara*.

---

* Trecho de "We Wear the Mask" [Nós usamos a máscara] (1895). No original: *We wear the mask that grins and lies,/ It hides our cheeks and shades our eyes,/ This debt we pay to human guile,/ With torn and bleeding hearts we smile,/ And mouth with myriad subtleties.// Why should the world be over-wise,/ In counting all our tears and sighs?/ Nay, let them only see us, while/ We wear the mask.* [N. T.]

A justificativa para usarmos uma "máscara" fica óbvia quando consideramos as circunstâncias das condições de vida sob um apartheid racial legalizado, em que as pessoas negras tinham tão poucos recursos para lidar com as injustiças perpetradas contra elas pelas pessoas brancas. Contudo, chegou o momento em que devemos examinar até que ponto a prática da dissimulação e do engano se inseriu nas normas sociais existentes entre nós. As pessoas negras, encorajadas a usar a máscara para garantir sua sobrevivência na relação com o mundo branco, acabaram utilizando estratégias de dissimulação e ocultação da verdade em relações interpessoais no interior de comunidades negras. Isso se aplicou especialmente nas relações de gênero.

A política patriarcal não apenas concede aos homens negros alguma vantagem sobre as mulheres negras, como também afirma que os homens não têm de responder às mulheres. Logo, para todos os homens na sociedade patriarcal (os homens negros não são exceção), foi socialmente aceitável mentir e enganar para manter o poder sobre as mulheres. E assim como as pessoas escravizadas aprenderam com o senhor e a sinhá a arte da dissimulação, as mulheres também aprenderam que, ocultando a verdade, elas podiam subverter o poder masculino que agia sobre elas. As muitas mulheres negras sulistas que aprenderam a esconder um dinheirinho em algum lugar "longe dos olhos dele" estavam respondendo à realidade da crueldade e da violência domésticas e à necessidade de ter meios de escapar. No entanto, o impacto negativo dessas estratégias foi que o gesto de dizer a verdade, a comunicação franca e sincera, foi sendo cada vez menos visto como algo necessário para a construção de relacionamentos amorosos positivos.

Embora a importância da sinceridade seja ensinada para a maioria das crianças negras criadas nos lares sulistas tradicionais, a lição é prejudicada quando os pais e as mães não agem com sinceridade. Quando crescemos, a maioria de nós percebe que as pessoas adultas nem sempre praticam a mesma sinceridade que nos ensinaram ser tão importante. Ou, muitas vezes, nós dizemos a "verdade" e acabamos sofrendo alguma punição por isso. E, novamente, uma vez que o racismo ainda era o fator crucial que moldava as relações de poder entre pessoas negras e brancas, ainda havia uma ênfase na prática da dissimulação — que persiste na vida da maioria das pessoas negras.

Muitas das estratégias de sobrevivência que uma vez foram úteis para as pessoas negras, como a dissimulação, não são mais apropriadas para a vida que levamos e, portanto, causam graves danos. Imagine, por exemplo, este cenário: uma professora negra que nunca chegou a concluir o seu doutorado percebe que a maioria das pessoas com quem ela interage no dia a dia simplesmente presume que ela possui esse título. Ela acha mais fácil não ter de explicar. E, de fato, ela percebe que é tratada com mais respeito e reconhecimento quando as pessoas a veem como uma doutora. Mas há um preço que ela precisa pagar por esse engano — um estresse interior, medo de ser descoberta, medo de perder o *status* que adquiriu falsamente. Agora, uma reação saudável que ela poderia ter tido quando descobriu que as pessoas lhe tratavam com mais respeito quando presumiam que ela era uma doutora teria sido usar essa informação como inspiração para concluir sua formação. Podemos dar inúmeros exemplos relacionados a trabalhos em que as pessoas negras sentem que o jogo está contra elas por causa do racismo e, portanto, sentem que não há problema em mentir sobre habilidades, experiências etc. Infelizmente, essas estratégias podem ajudar uma pessoa a conseguir um emprego, mas o fardo de manter o engano pode ser muito pesado, a ponto de fazer a pessoa sucumbir psicologicamente à pressão. As mentiras ferem. Enquanto podem dar a quem conta uma grande vantagem em uma área, também podem prejudicar o bem-estar em outra.

O cultivo da arte da dissimulação também criou uma sobrevalorização da "aparência" na vida negra. Tanto que as crianças negras muitas vezes são criadas para acreditar que a forma como as coisas parecem ser é mais importante que a forma como elas realmente são. Se as ilusões são mais valorizadas que a realidade, e as crianças negras são ensinadas a criá-las com habilidade mesmo enquanto são, ao mesmo tempo, privadas dos meios de enfrentar a realidade, elas estão sendo socializadas a se sentir confortáveis, à vontade, apenas em situações em que há mentira. Estão sendo ensinadas a existir em um estado de negação. Essas condições psíquicas lançam as bases para o estresse mental, para a enfermidade mental. A dissimulação nos torna disfuncionais. E uma vez que nos encoraja a negar aquilo que genuinamente sentimos e experimentamos, nós perdemos nossa capacidade de saber quem realmente somos e aquilo de que precisamos e desejamos. Quando tenho a oportunidade de estar diante de uma classe predominantemente negra que se recusa a acreditar que decisões e escolhas conscientes são tomadas em relação aos papéis desempenhados pelas pessoas negras em um determinado programa de televisão, eu me sinto compelida a nomear que esse desejo de acreditar que as imagens que vemos emergem de um mundo de fantasia politicamente neutro é algo desempoderador — e faz parte de um processo de colonização. Se somos incapazes de encarar a forma como as estruturas de dominação são institucionalizadas, então também não podemos nos organizar para resistir ao racismo e ao sexismo que qualificam a representação negra na mídia dominada pela branquitude. E, em uma instância mais básica, não temos a capacidade de nos proteger dos bombardeios e agressões diárias dessas imagens incapacitantes. Nosso bem-estar mental depende de nossa capacidade de encarar a realidade. E nós só podemos encarar a realidade quando rompemos com a negação.

No romance *A cor púrpura*, de Alice Walker, Celie, a heroína negra, só começa a se curar de suas experiências traumáticas de incesto/racismo, violência doméstica e estupro marital quando é capaz de contar sua história, quando consegue ser franca e sincera. A leitura de narrativas ficcionais em que as personagens negras rompem silêncios para contar a verdade sobre sua vida, para dar seu testemunho, tem ajudado as mulheres negras a correr o risco e falar abertamente sobre experiências dolorosas. Vemos exemplos de testemunhos corajosos em *The Black Women's Health Book*. Ainda assim, muitas leitoras negras da ficção de Alice Walker se enfureceram com a história de Celie. Elas tentaram "punir" Walker denunciando sua obra, sugerindo que o livro representava uma traição da negritude. Se as pessoas respondem à ficção dessa forma, imagine como seriam duras suas respostas às mulheres negras que falam sinceramente em seu dia a dia sobre suas experiências traumáticas reais. Mas não há cura no silêncio. A cura negra coletiva só pode acontecer quando encaramos a realidade. Enquanto poeta, Audre Lorde nos recorda em "Uma litania pela sobrevivência":

> E quando falamos nós temos medo
> de nossas palavras não serem ouvidas
> nem bem-vindas
> mas quando estamos em silêncio
> ainda estamos com medo.
>
> Então é melhor falar
> lembrando
> nunca estivemos destinadas a sobreviver*.

---

* A tradução do poema de Audre Lorde é de Stephanie Borges para o livro *A unicórnia preta* (Relicário Edições, 2020). [N. T.]

O desmascaramento coletivo é um importante ato de resistência. Se, enquanto pessoas negras, a impossibilidade de nos dedicarmos à verdade em nossa vida sem nos colocar em risco ainda é uma marca de opressão, então reivindicar o direito de expressar a verdade de nossa realidade de qualquer forma é uma marca de resistência, nosso compromisso com a libertação.

Muitas mulheres negras, enquanto indivíduos, em particular aquelas entre nós envolvidas no movimento feminista, consideram importante que as mulheres negras que foram vitimizadas por eventos traumáticos, como incesto e estupro, falem abertamente sobre suas experiências. Ainda assim, algumas não são necessariamente comprometidas com uma filosofia do bem-estar dedicada à verdade. Enquanto essas mulheres podem aplaudir uma mulher negra que nomeia publicamente um dano causado a ela por um homem, elas podem falhar em apoiar essa mulher quando ela se compromete a falar sinceramente sobre outros aspectos de seu cotidiano. Essas mulheres podem punir uma outra mulher negra por falar sinceramente ou então criticá-la, sugerindo que ela não possui certas graças sociais. Isso se aplica especialmente entre as classes profissionais de mulheres negras que aderem a noções de etiqueta social determinadas por valores burgueses comprometidos em manter o público separado do privado. De fato, mulheres negras que têm origens na classe trabalhadora e que foram criadas para falar de forma franca e sincera podem enxergar essas características como uma desvantagem social quando lidam com círculos burgueses. Elas serão encorajadas, geralmente por formas de exclusão social (que servem de punição), a mudar seu jeito. Para uma mulher negra, não é fácil se dedicar à verdade. Mas a disposição de sermos sinceras é essencial para o nosso bem-estar.

A dissimulação pode ajudar algumas de nós a sermos bem-sucedidas, mas também cria um estado de estresse letal.

Entre as pessoas negras pobres e da classe trabalhadora, o ímpeto de dissimular costuma estar ligado ao desejo de encobrir realidades consideradas "vergonhosas". Muitas de nós fomos criadas para acreditar que nunca devemos falar publicamente sobre nossa vida privada, pois o mundo público teria poder suficiente para usar essas informações contra nós. Para as pessoas pobres, em especial aquelas que recebem qualquer tipo de auxílio do governo, isso pode significar a privação de recursos materiais ou a perda da guarda de uma criança. Mas, novamente, nos agarramos a essas estratégias mesmo quando não estão relacionadas à nossa sobrevivência e quando prejudicam nosso bem-estar. Dizer a verdade sobre a vida de alguém não se trata apenas de nomear as coisas "ruins", de expor os horrores. Também se trata de sermos capazes de falar de forma sincera sobre nossos sentimentos, sobre uma variedade de experiências. Não se trata, portanto, de ocultar informações de forma a exercer poder sobre outras pessoas.

Algumas semanas atrás, eu estava conversando com uma das minhas irmãs sobre uma mentira muito óbvia que alguém da nossa família havia me contado. Chateada, eu chorava e dizia: "Eu poderia aguentar qualquer coisa dessa família se as pessoas dissessem a verdade. É a mentira que me enlouquece". Tivemos uma profunda discussão sobre o gesto de dizer a verdade, e então minha irmã confessou que conta um monte de mentiras. Fiquei chocada, pois sempre a vi como uma pessoa sincera. E eu quis saber por quê. Minha irmã admitiu que tudo começou com uma tentativa de obter alguma vantagem financeira em sua vida doméstica, mas então ela se pegou mentindo sobre coisas insignificantes mesmo quando não era necessário. Analisando a situação, percebemos que a habilidade de ocultar informações, ainda que informações muito triviais, dava a ela um sentimento de poder. Falamos sobre a importância de ter consciência de que esse sentimento é "ilusório", pois não corresponde ao poder real de realizar mudanças na realidade social cotidiana de uma pessoa e, portanto, em última análise, é algo incapacitante. Pais e mães que mentem não fazem nada para ensinar às crianças a importância de falar a verdade.

Para muitas pessoas negras pobres, o aprendizado da sinceridade deve acontecer em uma situação na qual também seja possível aprender a lidar com a questão da vergonha. A cultura dominante age como se toda experiência de pobreza fosse vergonhosa. Então, como podem as pessoas pobres falar de forma sincera sobre sua condição de vida? Aquelas entre nós criadas em lares sulistas tradicionais foram ensinadas a criticar a noção de "vergonha" quando evocada para nos privar de nossa dignidade e integridade. Foram ensinadas a acreditar que não há nada de vergonhoso em ser pobre, que a riqueza da vida não pode ser determinada, em última instância, por nosso acesso a bens materiais. As mulheres negras que trabalharam em lares brancos atestaram em primeira mão que o dinheiro não garante felicidade, bem-estar ou integridade.

Uma das trágicas ironias da vida contemporânea é que as classes privilegiadas convenceram as pessoas pobres e de classe baixa de que elas devem esconder e negar as realidades de suas vidas enquanto as pessoas privilegiadas vão a público, na terapia, e compartilham tudo o que poderiam ter reprimido por vergonha, a fim de tentar curar suas feridas. Na introdução ao meu terceiro livro, *Erguer a voz*, eu escrevi sobre a importância de falarmos de forma sincera sobre a *nossa* vida. Escrevi sobre os "pitos" que levei das pessoas por ser sincera. Ou mais tarde, em ambientes de trabalho burgueses, disseram sobre mim que eu não era discreta, quando o que de fato estava acontecendo era que eu havia feito a escolha política de me recusar a ser posta na posição de guardar segredos das pessoas poderosas ou de ser bem recebida em círculos sociais enganosos. Anos atrás escrevi que "mesmo as pessoas que falam sobre acabar com a dominação parecem ter medo de derrubar as barreiras que separam o público e o privado" com o gesto de dizer a verdade. Esse ainda parece ser o caso. Assim, devemos nos lembrar de que sermos pessoas sinceras em uma cultura de dominação, uma cultura que se baseia na mentira, é um gesto de coragem. No interior de uma cultura patriarcal capitalista supremacista branca, não se espera que as pessoas negras se sintam "bem". Essa cultura transforma o bem-estar em um luxo branco. Para nos opormos a essa cultura, para escolhermos o bem-estar, devemos nos dedicar à verdade.

Quando abrimos mão do poder ilusório que acompanha a mentira e a manipulação e optamos pelo poder pessoal e a dignidade que acompanham a sinceridade, nós, mulheres negras, podemos começar a eliminar essa dor que ameaça a vida de todas nós. Como eu escrevi em *Erguer a voz*:

> Para algumas pessoas, a franqueza não se trata do luxo da escolha de "compartilhar isto ou dizer aquilo", mas de "eu vou sobreviver — eu vou passar por isso — eu vou ficar viva?". A franqueza tem a ver com formas de se sentir bem e dizer a verdade tem a ver com a forma de juntar os cacos de um coração dilacerado. É sobre sermos pessoas inteiras, plenas.

Muitas mulheres negras nos Estados Unidos carregam um coração partido. Elas vivem o seu dia a dia suportando muita dor, acabadas, mas ainda assim fingindo que está tudo sob controle em todas as áreas de sua vida. Fingir dói. Dói viver com mentiras. É chegado o tempo de as mulheres negras cuidarem dessa dor. M. Scott Peck finaliza o capítulo "Withholding Truth" [Ocultando a verdade] nos lembrando de que as pessoas sinceras podem se sentir livres:

> Essas pessoas não carregam o fardo de ter algo a esconder. Não precisam se esgueirar pelas sombras. Não precisam inventar mentiras novas para encobrir as antigas. Não precisam desperdiçar esforço algum para cobrir rastros ou manter disfarces [...]. Com franqueza, as pessoas que se dedicam à verdade vivem abertamente, e por meio do exercício de sua coragem que isso demanda, elas se libertam do medo.

Na vida negra, a igreja tem sido um dos poucos lugares que encorajaram as pessoas negras a viver uma vida verdadeira. No entanto, a hipocrisia se tornou uma característica central da igreja negra contemporânea. As pessoas negras mais velhas levavam a sério a passagem bíblica que diz "a verdade vos libertará". E, embora a igreja possa ter mudado, essas palavras ainda são verdadeiras. Seu poder de cura pode ser sentido na vida das mulheres negras quando ousamos olhar para nós mesmas, para a nossa vida, para as nossas experiências e então, sem constrangimentos, nomeamos corajosamente aquilo que vemos.

2

LÍNGUAS DE FOGO: APRENDENDO A AFIRMAÇÃO CRÍTICA

Escrever sobre o gesto de dizer a verdade em relação à experiência negra é uma tarefa difícil. Fazer conexões entre as estratégias psicológicas de que as pessoas negras se utilizaram historicamente para tornar a vida suportável em um contexto social opressivo/explorador, e então chamar a atenção para a forma como essas estratégias podem ser incapacitantes quando as empregamos em nosso cotidiano, particularmente em nossas relações íntimas, pode facilmente soar acadêmico. Releio o capítulo anterior e não encontro a leitura fácil que estou acostumada a experimentar com os livros de autoajuda. Talvez seja por isso que os livros de autoajuda que lemos raramente tratem de realidades políticas. Contudo, eu gostaria de mudar o tom agora e falar mais concretamente da forma como confrontamos questões de franqueza e sinceridade. Muitas vezes, é mais fácil para uma pessoa negra "dizer o que pensa" quando está nervosa, com raiva, quando deseja usar "a verdade" como uma arma para ferir outras pessoas. Nesses casos, ainda que a pessoa possa ser sincera, seu principal compromisso pode ser impor poder sobre uma outra pessoa e, assim, ela se utiliza da prática de dizer a verdade para agredir a psique dessa outra pessoa. Portanto, este capítulo procura distinguir entre as duras críticas que lançamos umas às outras, que podem conter alguma "verdade", e o gesto libertador de contar a verdade — que não são a mesma coisa.

Criada em uma família de mulheres de língua afiada, que sabiam erguer a voz, argumentar e praguejar, minhas cinco irmãs e eu aprendemos cedo que o ato de se "dizer o que pensa" poderia ser usado como uma arma para humilhar e constranger alguém. Aqui vai um exemplo da minha experiência. Quando criança, eu era muito magra e enxergava isso como sinal de uma extrema falta de atrativos. Incansavelmente provocada pelas minhas irmãs e pelo meu irmão (que costumava inventar histórias que divertiam todo mundo, dizendo que ele sempre via o vento me arrastando por aí e tinha que correr atrás de mim e me agarrar pelos tornozelos para não me perder), minha família reforçava muito a noção de que ser magra significava ser feia e era motivo de vergonha. No entanto, sempre que as pessoas da minha família me descreviam como uma menina magra, elas estavam sendo sinceras. Mas qual era a intenção por trás dessa sinceridade? Geralmente, a intenção era me tornar um objeto de ridicularização e zombaria. E embora fosse muitas vezes o objeto de uma "sacada" cruel que humilhava e constrangia, aprendi a me proteger desenvolvendo a mesma habilidade de nomear precisamente a informação que poderia expor e fazer as pessoas se sentirem vulneráveis. Minha família e eu exercíamos uma prática de agressão verbal, usando a verdade como uma arma. Na cultura negra contemporânea, essa prática costuma tomar a forma de críticas, ou seja, nós "sacamos" as pessoas ou, de uma forma mais branda, "descascamos" as pessoas. Ter alguém nos analisando criticamente e expondo aspectos da sua realidade que você poderia preferir negar ou manter escondidos pode ser algo construtivo e mesmo prazeroso; no entanto, isso costuma acontecer em um contexto em que a intenção é magoar e ferir.

Explorar o modo como nós, enquanto mulheres negras, utilizamos essa forma de se "mandar a real" ajudará algumas de nós, que podemos nos afirmar como pessoas sinceras, a avaliar se de fato estamos dedicadas ao gesto de dizer a verdade quando expomos alguma coisa sobre uma outra pessoa. A crítica dura, com algo desse gesto de dizer a verdade, costuma ser uma característica muito presente nas relações entre mães e filhas negras. Uma vez que muitas mulheres negras foram e são criadas em lares onde a maior parte do amor e da afeição que recebemos partem de mulheres negras mais velhas — mães, tias e avós — que também podem lançar mão da crítica de uma forma verbalmente abusiva, nós podemos acabar enxergando essa prática como um gesto de cuidado. E ainda que esse gesto machuque, nós podemos imaginar que a ferida foi aberta para o nosso próprio bem.

Deixe-me dar um exemplo que está fresco em minha memória, pois essa história me foi contada ontem mesmo por T., uma jovem negra. Ela havia comparecido à formatura de uma amiga e, depois, saiu para comer com a família dela. Durante o jantar, a mãe de sua amiga não parava de chamar a atenção para o fato de que a filha precisava perder peso. Bem, deveria ser óbvio que um ambiente público não é apropriado para uma conversa desse tipo. E por que a mãe dela em um dia especial, num momento em que as realizações da filha deveriam ser focadas e celebradas, chamou a atenção para os defeitos ou fracassos? Quando T. tentou intervir a favor da amiga, afirmando que achava que ela estava muito bem, ela foi chutada por baixo da mesa pela amiga, que pediu que ela se calasse. Provavelmente, como muitas de nós, a amiga é tão acostumada com o hábito da mãe de escolher momentos inapropriados para apresentar críticas, ou de ser crítica sempre, que ela se adapta à situação simplesmente não respondendo. Para algumas de nós, as infindáveis críticas negativas que recebemos de nossas mães foram muito incapacitantes. Mas, tendo aprendido a usar a crítica como algo para ferir de verdade, é possível que empreguemos as mesmas práticas. E, como as mães que têm esse costume, quando nos chamam a atenção para isso, nós podemos usar a desculpa de que estamos "só sendo sinceras". Aqui a sinceridade é evocada para encobrir práticas abusivas e a intenção de magoar. Essa sinceridade não é do tipo que promove a cura. E é de vital importância para o bem-estar das mulheres negras que sejamos capazes de distingui-la do compromisso com o gesto de dizer a verdade.

É comum que as mulheres negras sejam criadas em lares onde mães que têm o costume de fazer críticas depreciativas dizem: "Eu não seria uma boa mãe se não te dissesse a verdade". Ao tentar analisar as fontes dessa lógica falha, rastreei suas origens, mais uma vez, nas estratégias de sobrevivência que as pessoas negras desenvolveram para se adaptar a uma vida num contexto dominado pela supremacia branca. A realidade do apartheid racial era tal que as pessoas negras sabiam que nunca poderiam confiar que estariam realmente "seguras" naquele mundo dominado pela branquitude, longe de casa ou de sua vizinhança negra. Para sentir que tinham algum controle sobre essa situação, elas estabeleceram padrões de comportamento que eram vistos como medidas protetoras adequadas. Quando a integração racial aconteceu, as pessoas negras não dispensaram imediatamente essas estratégias, mas as adaptaram. Um dos ajustes foi a tentativa de prever o que o mundo branco crítico poderia achar para então depreciar, ridicularizar ou zombar, com a finalidade de prevenir que algo acontecesse por meio da autocrítica e de mudanças comportamentais. Crescemos ouvindo histórias de mães punindo crianças negras a quem não foi dada nenhuma noção clara do que elas haviam feito e do que era considerado errado ou inapropriado, pois essas mães sentiam que as crianças poderiam se comportar fora de casa de forma que levariam as pessoas brancas a abusar delas e puni-las. A criação de um sistema de controle interno exigia não apenas um autoescrutínio vigilante, mas também uma disposição de se colocar na mente da figura opressora. E isso significa que as pessoas negras não estavam concentrando a atenção na construção de formas de nos afirmar criticamente. Em vez disso, elas estavam trabalhando no desenvolvimento de estratégias para evitar a punição. Como não foi feito nenhum estudo mais aprofundado sobre as tentativas por parte das pessoas negras de se verem através da visão negativa da figura colonizadora/opressora, nós só podemos especular que tais práticas ajudaram a criar um clima social no qual as pessoas negras poderiam ser duramente críticas umas com as outras. Vivendo em uma sociedade sexista, na qual as mães costumam ser culpadas por qualquer problema relacionado às crianças, faz sentido que as mães negras sintam uma necessidade de assegurar o controle sobre suas crianças de maneiras opressivas e dominadoras. De que outra forma elas poderiam se "provar" como boas mães aos olhares externos? O desejo, é claro, é estar além da reprovação.

Críticas parentais ferozes e a ameaça de punição são estratégias que muitas mulheres negras usam para assegurar sua autoridade sobre as crianças. Basta observarmos a forma como as mulheres negras lidam com crianças mais novas em lugares públicos. As crianças costumam ser tratadas com severidade — eu te mandei vir aqui agora, senta aí e cala a boca — não porque a mãe está com raiva da criança, mas porque é seu desejo que elas se comportem "bem" em ambientes públicos. Ela quer ser percebida como uma boa mãe. Note, porém, que ser uma boa mãe se iguala à sua capacidade de exercer o controle sobre o comportamento de uma criança. Nós faríamos bem em conectar essa obsessão pelo controle com as estratégias de dominação que as pessoas brancas usaram, e ainda usam, para manter a autoridade sobre nós. Precisamos entender melhor como as pessoas negras – que se sentem relativamente impotentes para controlar seu destino – exercitam um poder negativo umas sobre as outras em configurações hierárquicas.

Em uma cultura de dominação como essa, as relações parentais são baseadas na suposição de que a pessoa adulta tem o direito de controlar a criança. É um modelo de parentalidade que espelha a relação mestre-pessoa escravizada. A obsessão de pais e mães negras de exercer o controle sobre as crianças, assegurando que elas sejam "obedientes", é uma expressão dessa visão distorcida das relações familiares. Seu desejo de "cuidar" das crianças é posto em competição com a necessidade de exercer controle. Isso é ilustrado vividamente em uma obra autobiográfica de Audre Lorde, *Zami*. As descrições da infância dela no livro oferecem vislumbres do tipo estrito de parentalidade que muitas pessoas negras consideram necessário para preparar suas crianças para uma vida em uma sociedade branca hostil. Sem compreender os mecanismos do racismo, a jovem Audre decide concorrer para ser presidente de sua classe da sexta série. Ela conta a novidade à sua mãe e é recebida com estas palavras furiosas:

> Mas que merda você está fazendo se envolvendo numa bobagem dessas? Você não tem nada melhor nessa sua cabeça? Que inferno você quer com essa

eleição? Você vai pra escola pra estudar, e não pra andar por aí com essa de presidente isso, eleição aquilo. Vai pegar o arroz, menina, e para de falar besteira.

Audre participa da eleição mesmo assim e quando chega em casa chorando e emocionalmente destruída por não ter ganhado, sua mãe responde com fúria, proferindo um golpe que Lorde se lembra de ter "me acertado em cheio na lateral da cabeça":

> Olha aqui, o pássaro esquece, mas a armadilha, não! Eu te avisei! O que você acha que está fazendo, entrando nessa casa chorando desse jeito por causa de uma eleição? Se eu te falei uma vez, se eu te falei cem vezes, pra você não ir atrás daquelas pessoas, não falei? Que tipo de idiota eu criei aqui pra você pensar que aqueles trastes daqueles brancos inúteis iam deixar você passar na frente de umazinha pra te escolher pra qualquer coisa?

E os golpes continuam. Embora Lorde tenha vindo de um contexto caribenho, nortista e urbano, nós, que crescemos no Sul, enfrentamos as mesmas loucuras por parte das pessoas que nos criaram. Eu me lembro de quando minha irmã V. quis jogar tênis depois que as escolas foram racialmente integradas. Até então, nossas escolas negras não tinham times de tênis. Meu pai e minha mãe, porém, não podiam arcar com o equipamento necessário, mas, em vez de explicar isso, meu pai e minha mãe criticaram V. e fizeram parecer que ela tinha algum problema por querer jogar tênis. Muitas vezes, depois de incidentes tão estranhos, depois que a raiva maternal diminuía, nós podíamos receber um pouco de carinho, um comportamento que reforçava ainda mais a noção de que, de alguma forma, todas aquelas críticas ferozes e humilhantes se deram para o nosso próprio bem. Mais uma vez essas estratégias parentais negativas eram empregadas a fim de preparar as crianças negras para o ingresso em uma sociedade dominada pela branquitude, que nosso pai e nossa mãe sabiam que não nos trataria bem. Seu pensamento era que nos tornar pessoas "duronas", nos ensinando a suportar a dor com resignação, garantiria nossa sobrevivência.

Reconhecer a preocupação e o cuidado que explicam esse comportamento, e compreendendo-o melhor quando crescemos, costuma levar as mulheres negras, em sua vida adulta, a imaginar que a nossa "sobrevivência" e os sucessos que conquistamos são realmente devidos ao fato de termos sido forçadas a confrontar críticas negativas e punições. Em consequência, costuma ser difícil para as mulheres negras admitirem que mães dominadoras que costumavam lançar uma enxurrada de abusos verbais negativos para "nos deixar em forma" não se comportavam com afeto, ainda que tenham agido com uma intenção positiva. Quando eu "cresci" e tive de lidar com a administração da minha própria casa — mantê-la limpa, fazer compras, pagar as contas —, comecei a ver minha mãe com reverência, imaginando como ela encontrava tempo para cuidar de sete crianças, limpar, fazer compras e preparar três refeições por dia com pouquíssima ajuda do nosso pai patriarcal. Compreender essas dificuldades deu algum sentido à forma humilhante com que ela costumava falar com a gente. Achei fácil perdoar essa crueldade, mas agora também posso dizer sinceramente que isso me machucava, que não fazia eu ou as minhas irmãs e meu irmão nos sentirmos seguramente amados. De fato, eu sempre senti que não se comportar de forma adequada significava fúria e punições ou, o que era mais assustador, a perda do amor.

Para as mulheres negras engajadas em um processo de autorrecuperação, é importante analisar a forma como uma crítica dura foi usada para "checar" e policiar nosso comportamento, de forma que possamos analisar até que ponto nos relacionamos de maneira similar com outras pessoas. Quando éramos crianças, minhas irmãs, meu irmão e eu prometemos que não iríamos gritar com nossos filhos nem dizer coisas más como a mamãe e o papai faziam. Ainda assim, acabamos quebrando essa promessa. Quando visitei uma das minhas irmãs e a família dela pela primeira vez, fiquei chocada com a forma negativa com que ela falava com as crianças dela. Isso me fez lembrar muito da nossa infância, mas havia uma diferença: as crianças dela usavam o mesmo tom de voz "malvado" para falar umas com as outras. Quando chamei a atenção dela para isso e expressei minha preocupação com gentileza, ela demonstrou surpresa. Ela trabalhava o dia inteiro, voltava para casa e encontrava mais trabalho, e não tinha notado a forma como ela e as crianças se comunicavam. Para transformar minha crítica sincera em uma crítica construtiva e afetuosa, sugeri que fizéssemos uma encenação com as crianças depois do jantar — falando com elas da forma como elas falavam umas com as outras e então mostrando como isso podia ser feito de forma diferente. Em vez de dizer: "Senta aí agora, eu não vou falar de novo", nós praticamos uma fala mais educada, mas firme: "Você pode parar de fazer isso e sentar, por favor?". Num primeiro momento, as crianças caçoaram da tia Glo e de suas histórias sobre "poluição sonora" e de como a forma como falamos com as pessoas pode machucar o coração e os ouvidos, mas todo mundo conseguiu enxergar e sentir a diferença. A afirmação crítica só surge quando nos dispomos a arriscar um confronto e um desafio construtivos. Minha irmã descobriu com as crianças que quando ela falava de uma forma dura e humilhante, ela podia receber uma resposta mais rápida do que quando fazia declarações num tom mais afetuoso, mas o efeito do último era muito melhor. Ela melhorou o bem-estar da família, ainda que isso tenha demandado uma maior concentração e um pouco mais de tempo para elaborar respostas de uma forma amorosa.

Para curar nossas feridas, nós precisamos ser capazes de analisar criticamente nossos comportamentos e mudar. Por anos eu fui uma mulher de língua afiada que costumava atacar de forma inapropriada. Aos poucos, fui aprendendo a fazer uma distinção entre "detonar" e dizer a verdade. Observar meu comportamento (colocando no papel quantos comentários negativos eu fazia em um dia) me ajudou a mudá-lo. A maioria das mulheres negras sabe como é suportar o fardo de ataques verbais violentos. A maioria de nós ouviu "verdades" sobre nós mesmas sendo ditas de formas dolorosas e humilhantes. Mas ainda assim muitas de nós continuam a enxergar as críticas duras como meios de fortalecer o caráter. Nós precisamos saber que a afirmação crítica construtiva é uma estratégia de construção de caráter tão efetiva quanto, se não mais efetiva. E só descobrimos isso por meio de uma prática contínua de afirmação crítica. Muitas vezes, a voz autoritária e abusivamente crítica que ouvimos na infância entra em nós. Então, não mais precisamos estar na presença de uma figura autoritária dominadora para ouvir essa voz, pois ela fala de dentro de nós. No processo de autocura, nós, mulheres negras, podemos identificar essa voz em nosso interior e começar a substituí-la por uma voz gentil, compassiva e afetuosa. E quando vemos os resultados positivos em nossa vida, então somos capazes de estender essa generosidade que nos permitimos às outras pessoas.

Quando silenciada a voz negativa interior, substituída por uma crítica amorosa e afetuosa, também é importante que as mulheres negras pratiquem uma forma de falar amável e afetuosa sobre aquilo que apreciamos umas nas outras. Esse gesto torna evidente para todas as pessoas de nossa realidade social que nos observam que as mulheres negras merecem cuidado, respeito e afirmação contínua.

3

O TRABALHO ADOÇA A VIDA

"O trabalho adoça a vida!". Na infância, eu costumava ouvir essa frase sobretudo de pessoas negras mais velhas que não tinham empregos no sentido tradicional da palavra. Elas geralmente eram autônomas, viviam da terra, vendiam minhocas para pesca, faziam um bico aqui e ali. Eram pessoas que tinham paixão pelo trabalho. Tinham orgulho de um trabalho bem-feito. Minha tia Margaret passava roupas para fora. As pessoas levavam suas roupas para ela de muito longe porque tia Margaret era uma especialista. Era numa época em que era comum usar goma e ela sabia fazer um excelente trabalho. Observá-la passando roupas com habilidade e graça era como ver uma bailarina dançando. Como todas as outras meninas negras criadas nos anos 1950 que eu conhecia, era evidente para mim que eu seria uma trabalhadora. Ainda que a minha mãe ficasse em casa, cuidando de suas sete crianças, nós a víamos trabalhando sem parar, lavando, passando, limpando e cozinhando (ela é uma cozinheira de mão cheia). E ela nunca deixou suas cinco filhas imaginarem que não seriam mulheres trabalhadoras. Não, ela deixou claro pra nós que trabalharíamos e que teríamos orgulho de nosso trabalho.

A vasta maioria das mulheres negras nos Estados Unidos sabe que será uma mulher trabalhadora. Apesar dos estereótipos sexistas e racistas segundo os quais as mulheres negras vivem de assistência social, grande parte das mulheres que recebem esse auxílio tem integrado a força de trabalho. Em *Hard Times Cotton Mill Girls* [Tempos difíceis: as garotas da fabrica de algodão], podemos ler sobre mulheres negras que foram trabalhar nas fábricas de algodão, geralmente egressas do trabalho no campo ou do serviço doméstico. Katie Geneva Cannon nos lembra: "Sempre se presumiu que nós trabalharíamos. O trabalho era um dado na vida, quase como respirar e dormir. Sempre me surpreendo quando ouço as pessoas falando de alguém que as sustenta, pois nós sempre soubemos que iríamos trabalhar". Como as gerações mais antigas de mulheres negras sulistas, nós fomos ensinadas não apenas que seríamos trabalhadoras, mas que não havia nenhuma "vergonha" em desempenhar qualquer trabalho honesto. As mulheres negras ao nosso redor que trabalhavam como domésticas, que desfolhavam o tabaco quando era chegada a estação, eram consideradas com dignidade e respeito. Nós aprendemos em nossas igrejas negras e na escola que "não era o que você fazia, mas como você fazia" que importava.

Uma filosofia do trabalho que enfatiza o comprometimento com qualquer atividade foi útil para as pessoas negras que viviam em uma sociedade racista que por tantos anos nos disponibilizou apenas determinados trabalhos (geralmente serviços braçais ou outros trabalhos considerados "indesejáveis"). Assim como muitas tradições budistas ensinam que qualquer atividade se torna sagrada quando feita com atenção e cuidado, as tradições trabalhistas negras do Sul nos ensinaram a importância de trabalhar com integridade independentemente da tarefa. No entanto, essas atitudes em relação ao trabalho não cegaram ninguém para a realidade de que o racismo tornou difícil para as pessoas negras trabalharem para as pessoas brancas. Era necessário ter "presença de espírito" para trabalhar com integridade em ambientes nos quais as pessoas brancas eram desrespeitosas e completamente odiosas. E para mim ficou óbvio ainda criança que as pessoas negras que diziam "o trabalho adoça a vida" não trabalhavam para pessoas brancas e faziam aquilo que queriam fazer. Por exemplo, as pessoas que vendiam minhocas para pesca geralmente adoravam pescar. É claro que havia uma profunda conexão entre o pensamento positivo em relação ao trabalho e as pessoas que desempenhavam o trabalho que tinham escolhido.

 A maioria de nós não começa a integrar a força de trabalho pensando no trabalho em termos de encontrar um "chamado" ou uma vocação. Em vez disso, nós pensamos no trabalho como uma forma de fazer dinheiro. Muitas de nós começamos a trabalhar cedo e trabalhamos para ganhar dinheiro e suprir nossas necessidades. Algumas trabalhavam para comprar livros escolares ou roupas, por necessidade ou desejo. Apesar da ênfase nos "meios de subsistência corretos" presente em nossa infância, minhas irmãs e eu éramos mais inclinadas a pensar no trabalho como o ato de se fazer o necessário para ganhar dinheiro e comprar aquilo que você queria. No geral, nós tivemos uma vida profissional insatisfatória. Ironicamente, nossa mãe passou a integrar a força de trabalho remunerada muito tarde, depois que estávamos crescidas, trabalhando no sistema escolar e às vezes como doméstica, mas de alguma forma ela achou o trabalho fora de casa mais recompensador que qualquer uma de suas crianças. As mulheres negras com quem eu conversei sobre trabalho tendiam a ver seus empregos principalmente como um meio que justifica um fim, como uma forma de ganhar dinheiro para suprir necessidades materiais. E uma vez que muitas mulheres negras costumam ter pessoas que dependem delas, crianças ou outras pessoas próximas, elas passam a integrar a força de trabalho com a convicção realista de que precisam ganhar dinheiro com propósitos de sobrevivência. Essa atitude atrelada à realidade de um mercado de trabalho que permanece profundamente moldado pelo racismo e pelo sexismo resulta no fato de que, enquanto mulheres negras, nós geralmente acabamos desempenhando trabalhos de que não gostamos. Muitas de nós sentimos que não temos muitas opções. Entre as mulheres que eu entrevistei, aquelas que consideravam ter opções tendiam a ter níveis mais elevados de instrução. Mas quase todas as mulheres negras com quem conversei concordaram que elas sempre escolheriam trabalhar, ainda que não precisassem. Apenas algumas jovens negras, adolescentes ou na faixa dos vinte anos, me falaram sobre vidas fantasiosas em que elas seriam sustentadas por outra pessoa.

Conversando com jovens negras que dependem dos benefícios da assistência social para sobreviver economicamente, descobri que, no geral, elas queriam trabalhar. No entanto, elas sabem muito bem a diferença entre um emprego e uma vocação gratificante. A maioria sentia que não seria sinal de progresso para elas "largar o auxílio" e trabalhar em empregos que pagam pouco, passando por situações que poderiam ser estressantes ou desumanizantes. Pessoas que recebem auxílios e que tentam desenvolver habilidades, frequentando a escola ou a faculdade, costumam observar que são tratadas com muito mais hostilidade pela assistência social do que se apenas ficassem sentadas em casa assistindo à televisão. Uma mulher que buscava auxílio ouviu de uma assistente social branca: "O auxílio não serve pra você conseguir seu bacharelado". Essa jovem vinha fazendo uma série de sacrifícios pessoais para tentar desenvolver habilidades e conseguir recursos educacionais que lhe permitissem ter um emprego bem remunerado e com frequência se decepcionava com o nível de ressentimento em relação a ela sempre que tinha de lidar com a assistência social.

No decorrer dos anos, em minha própria vida profissional, notei que muitas mulheres negras não gostam nem desfrutam de seu trabalho. A maioria das mulheres com quem eu conversei antes de escrever este capítulo concordou que não estavam satisfeitas com sua vida profissional, ainda que considerassem que estavam indo bem no trabalho. É por isso que eu falo tanto sobre o estresse relacionado ao trabalho no capítulo quatro. É praticamente impossível conservar um espírito de bem-estar emocional se uma pessoa desempenha dia a dia um trabalho insatisfatório que causa um estresse intenso e dá pouco contentamento. E mais de uma vez percebi que muitas mulheres negras que entrevistei tinham habilidades muito superiores àquelas exigidas pelo trabalho que desempenhavam, mas eram impedidas por sua "falta de instrução" ou, em alguns casos, "falta de experiência". Isso as impedia regularmente de evoluir. E quando desempenhavam bem suas funções, elas sentiam uma tensão a mais criada no ambiente de trabalho por pessoas que as supervisionavam e que costumavam considerá-las "muito metidas" ou por seus esforços próprios de manter um interesse nas tarefas que lhes eram atribuídas. Uma administradora branca compartilhou comigo que uma mulher negra que claramente possuía habilidades superiores e trabalhava como assistente administrativa em seu escritório era ressentida por seus "chefes" brancos, que sentiam que ela não tinha a atitude própria de uma "subordinada". Quando conversei com essa mulher, ela reconheceu que não gostava de seu trabalho, afirmando que sua falta de instrução e a necessidade urgente de criar suas crianças e mandá-las para a faculdade a impediram de trabalhar em direção à carreira que ela escolheria. Ela se agarra ao sonho de voltar a estudar e de algum dia obter a educação necessária que lhe dará acesso à carreira que ela deseja e merece. O trabalho tende a ser uma fonte de dor e frustração.

Aprender a pensar no trabalho e em nossas escolhas profissionais a partir do ponto de vista dos "meios de subsistência corretos" eleva nosso bem-estar. Nossa autorrecuperação está fundamentalmente vinculada com a oportunidade de experimentarmos uma qualidade de trabalho que "adoce a vida". Em um dos meus livros de autoajuda favoritos, *Do What You Love, The Money Will Follow* [Faça o que você ama e o dinheiro virá], de Marsha Sinetar, a autora define os meios de subsistência corretos como um conceito inicialmente oriundo dos ensinamentos de Buda, que enfatizavam o "trabalho conscientemente escolhido, feito com atenção e cuidado corretos, e que conduz à iluminação". Nossa sociedade não promove essa atitude em direção ao trabalho e, em especial, não encoraja as mulheres negras a pensarem no trabalho dessa forma. Como Sinetar observa:

> Os Meios de Subsistência Corretos, em seus sentidos antigo e contemporâneo, incorporam autoexpressão, comprometimento, atenção correta e escolha consciente. Encontrar e desempenhar um trabalho desse tipo depende de autoestima e autoconfiança elevadas, uma vez que apenas aquelas pessoas que gostam de si mesmas, que subjetivamente sentem que são

confiáveis e merecedoras, ousam fazer escolhas em nome daquilo que é correto e verdadeiro para elas. Quando a poderosa qualidade da escolha consciente está presente em nosso trabalho, nós podemos ser pessoas extremamente produtivas. Quando escolhemos conscientemente desempenhar funções que nos agradam, nós não apenas somos capazes de fazer as coisas, mas podemos fazê-las bem e receber uma recompensa intrínseca por nossos esforços.

As mulheres negras precisam aprender sobre os "meios de subsistência corretos". Embora tenha sido criada em um mundo onde pessoas negras mais velhas tinham essa sabedoria, eu fui mais socializada pela geração do progresso que sentia que a quantidade de dinheiro que você ganhava era mais importante do que aquilo que você fazia para ganhar esse dinheiro. Nós temos escolhas difíceis pela frente.

Conforme as mulheres negras desenvolverem, coletivamente, uma maior autoestima, um senso mais elevado de direito, nós aprenderemos a partir dos exemplos umas das outras a praticar os meios de subsistência corretos. Entre as mulheres negras que entrevistei, aquelas que mais gostavam de seu trabalho sentiam que estavam realizando uma determinada vocação ou chamado. C. J. (agora com quase quarenta anos) lembra que algumas gerações de sua família receberam educação superior. Ela foi ensinada a escolher um trabalho que estivesse ligado ao desejo político de melhorar o bem-estar geral das pessoas negras. C. J. diz: "Fui para a faculdade com uma paixão e uma missão de fazer um trabalho sobre as pessoas afro-americanas. O espírito da missão chegou a mim pela minha família, que nos ensinou que não trabalhamos apenas pelo dinheiro, mas para criar significado para você e para as outras pessoas".

Partindo dessa filosofia, sendo guiada por ela, C. J. sempre teve uma vida profissional satisfatória.

Quando uma das minhas irmãs, que recebia assistência social, decidiu voltar para a faculdade, eu a encorajei a tentar se lembrar de seus sonhos vocacionais da infância e a se permitir a ter sonhos adultos, para que ela não fosse forçada a se preparar para um trabalho que não lhe despertasse nenhum interesse. Muitas de nós temos que trabalhar duro para desaprender a socialização que nos ensina que temos sorte por conseguir qualquer emprego. Nós podemos começar a pensar em nossa vida profissional em termos de vocação e chamado. Uma das mulheres negras que entrevistei, que trabalhou como dona de casa por muitos anos, começou a sofrer de agorafobia. Lutando para recuperar seu bem-estar emocional, ela recorreu à terapia contra a vontade da família. Nesse ambiente terapêutico, ela conseguiu afirmar seu desejo de concluir a faculdade e seguir um programa de pós-graduação. Ela descobriu que concluir o mestrado e se tornar uma professora universitária lhe deu enorme satisfação. Mas essa realização não foi totalmente apreciada por seu marido. Funcionário de fábrica, com uma carga de trabalho longa e tediosa, ele estava com inveja do recém-descoberto ânimo que ela demonstrava em relação ao trabalho. Como o trabalho dela a coloca em contato com o público, sua função rende recompensas diferentes de qualquer outra que o marido poderia esperar receber do trabalho dele. E embora ela o tenha encorajado a voltar a estudar (um dos objetivos não realizados dele), o homem é relutante. Apesar dessas tensões relacionais, ela descobriu que "amar" o seu trabalho a ajudou a tratar e transformar sentimentos prévios de baixa autoestima.

Poucas mulheres que entrevistei afirmaram estar realizando funções que lhes agradavam, mas reclamaram amargamente sobre seu trabalho, em particular quando tinham de tomar decisões que afetavam a vida profissional de outras pessoas. Uma mulher esteve envolvida em um processo de tomada de decisão que exigia que ela tomasse uma atitude que deixaria uma outra pessoa desempregada. Embora muitos de seus pares tenham sentido orgulho da forma como ela lidou com essa situação difícil, a resposta dela foi se sentir "vitimizada". Na verdade, ela se considerava "agredida". Essa resposta me intrigou porque me pareceu indicar uma contradição que muitas mulheres experimentam em posições de poder. Embora possamos gostar do *status* de uma posição de poder e de exercer poder, nós ainda podemos querer nos enxergar como "vítimas" nesse processo, em especial quando devemos agir de forma que as "boas meninas, filhas obedientes" foram ensinadas a considerar "ruins".

Eu sugeri para as mulheres que entrevistei que elas tinham escolhido carreiras que envolviam "partir pra cima", mas que, ao que parecia, elas diminuíam o valor de suas escolhas e a excelência de seu trabalho quando reclamavam que tinham que sujar as mãos e se magoar. Compartilhei com elas minha ideia de que, quando você escolhe fazer jogo duro, então você deve estar preparada para ter alguns hematomas e não ficar devastada quando eles ocorrem. De alguma forma, me pareceu que aquelas mulheres negras desejavam ser "iguais" em um mundo de homens enquanto, ao mesmo tempo, queriam ser tratadas como "damas" frágeis. Se pudessem assumir uma total responsabilidade por suas escolhas profissionais, elas poderiam desfrutar mais de seu trabalho e ser capazes de se recompensar por trabalhos bem-feitos. Em certos casos, me pareceu que algumas mulheres eram viciadas em ser mártires. Elas queriam controlar tudo, ser a pessoa "no poder", mas também se ressentiam dessa posição. Essas mulheres, como aquelas que eu descrevo no capítulo sobre o estresse, pareciam não saber quando estabelecer limites ou que os deveres profissionais podiam ser compartilhados. Elas costumavam ultrapassar os próprios limites. Quando ultrapassamos nossos próprios limites em ambientes profissionais, nos forçando a ir além, nós raramente temos sentimentos positivos em relação às tarefas, mesmo quando estamos fazendo um bom trabalho.

Uma vez que muitas pessoas se apoiam em mulheres negras em posições de poder no trabalho (nos transformando involuntariamente em "mamães" que carregarão todos os fardos — e com certeza há entre nós aquelas que se orgulham desse papel), nós podemos ultrapassar facilmente nossos limites de forma trágica. Eu notei que muitas de nós (eu inclusive) falamos sobre iniciar as carreiras que realmente "amamos" para então acabar trabalhando demais até chegar ao *burnout*, de forma que o prazer que encontramos de início é dissipado. Eu me lembro de encontrar um livro de autoajuda que listava doze sintomas do *burnout*, encorajando quem lia a analisar a lista e marcar os itens que descreviam sua experiência. No fim, lia-se: "Se você marcou três ou mais itens, é possível que você esteja sofrendo de *burnout*". E marquei todos os doze! Isso me fez saber que era hora de fazer uma mudança. Mas mudar não é fácil. Quando você faz algo e faz bem, é difícil dar uma pausa ou confrontar a realidade que tive de encarar, de que eu não queria realmente estar fazendo o trabalho que eu estava fazendo, embora o fizesse bem. Em retrospecto, me ocorreu que é necessário muito mais energia para desempenhar bem um trabalho quando você realmente não quer fazê-lo. Esse trabalho costuma ser mais cansativo. E talvez essa energia sobressalente pudesse ser dispendida com mais qualidade na busca por nossas verdadeiras vocações ou chamados.

No meu caso, eu sempre quis ser escritora. E ainda que tivesse me tornado justamente isso e amasse esse trabalho, meus medos obsessivos de "não ser pobre" dificultaram as coisas, impedindo que eu tirasse um tempo da minha outra carreira, em que eu ensinava e dava palestras, para "só escrever". O livro de Susan Jeffers, *Feel the Fear and Do It Anyway* [Tenha medo e faça assim mesmo] me ajudou a finalmente alcançar um ponto na minha vida em que eu consegui tempo para "só escrever". Como muitas mulheres negras que não vêm de origens privilegiadas, que não têm uma família com a qual contar para uma ajuda em caso de dificuldades financeiras (nós, na verdade, costumamos ser as pessoas que dão apoio), parece muito assustador pensar em abrir mão de uma segurança financeira, mesmo que por um curto período, para fazer um trabalho que amamos, mas que pode não pagar as contas. No meu caso, ainda que eu tenha trabalhado em um aporte financeiro criado por mim mesma com o objetivo de, em algum momento da vida, poder focar apenas a escrita, eu ainda achava difícil ter um tempo para isso. Foi então que tive de explorar meus medos mais profundos de acabar pobre e combatê-los com mensagens que afirmassem a minha capacidade de me cuidar economicamente, apesar das circunstâncias. Esses medos não são irracionais (embora os meus fossem, com certeza, um pouco extremos). Nos últimos anos, testemunhei pessoas de muitas famílias passando de uma rotina profissional ao desemprego e alcançando diversos graus de desalojamento. Suas experiências realçaram a realidade de que é arriscado não ter um emprego seguro, mas também indicaram que podemos sobreviver e mesmo começar tudo de novo se necessário.

Minha irmã V. se demitiu de um emprego que a permitia desempenhar habilidades excelentes porque ela tinha conflitos maiores com sua supervisão imediata. Ela se demitiu porque o nível de estresse no trabalho havia se tornado perigoso para o seu bem-estar mental. Minha irmã se demitiu confiante de que encontraria um trabalho em poucos meses. Quando isso não aconteceu, ela ficou atordoada. Não lhe havia ocorrido que seria praticamente impossível encontrar trabalho na área onde ela mais desejava. Confrontando o racismo, o sexismo e uma série de outras respostas pouco claras, meses se passaram e ela não conseguiu encontrar outro emprego. Isso mudou sua vida inteira. Embora a sobrevivência material esteja sendo difícil, ela está aprendendo mais sobre aquilo que realmente importa em sua vida. Minha irmã está aprendendo sobre os "meios de subsistência corretos". A graça e a habilidade com que ela tem confrontado suas circunstâncias tem sido um exemplo maravilhoso para mim. Com a terapia, com a ajuda de amigos e pessoas queridas, ela está descobrindo o trabalho que realmente gostaria de fazer e não mais sente a necessidade de ter um emprego altamente remunerado e de *status* elevado. E ela tem aprendido mais sobre o que significa correr riscos.

Em *Do What You Love, The Money Will Follow*, Sinetar alerta aquelas entre nós que não se arriscaram para ir devagar, praticar, começar com pequenos riscos e planejar com cuidado. Uma vez que me planejei cuidadosamente, eu posso enfim tirar um ano de folga do meu trabalho de educadora sem receber pagamento. Durante esse tempo, meu desejo é descobrir se eu gosto de trabalhar apenas como escritora e ver se consigo me sustentar. Quero descobrir se (como aquelas pessoas negras mais velhas de quem falei no início do capítulo) fazer apenas o trabalho para o qual eu me sinto mais "chamada" a fazer aumentará a minha alegria de viver. Nos últimos meses, estive "só escrevendo" e de fato, até agora, sinto que esse seja um "trabalho que adoça a vida".

O legado histórico das mulheres negras demonstra que temos dedicado muito tempo trabalhando bem e com afinco, e ainda assim raramente recebemos aquilo que merecemos. Nós raramente recebemos o reconhecimento que merecemos. No entanto, mesmo em meio à dominação, as mulheres negras, individualmente, têm encontrado sua vocação e desempenhado o trabalho mais adequado para elas. Onnie Lee Logan, a parteira do Alabama que conta sua história em *Motherwit*, nunca frequentou a escola ou a faculdade, nunca fez muito dinheiro em sua vida profissional, mas ouviu sua voz interior e encontrou sua vocação. Logan compartilha:

> Deixei que Deus operasse o plano na minha vida e estou satisfeita com o que aconteceu. Nem o sol nem a lua brilharam o tempo todo. Eu me vi sozinha à noite, na neve e na chuva [...]. Houve muitas noites tristes, mas eu não as vi como noites tristes. Minha mente estava concentrada no meu caminho e naquilo que eu faria.
>
> E tudo o que fiz, eu o fiz tão bem quanto poderia e mais ainda [...]. Estou satisfeita com o que aconteceu na minha vida. Perfeitamente satisfeita com aquilo que a minha vida fez por mim. Fui uma boa parteira. Uma das melhores, dizem. Este livro foi a última coisa que eu planejei fazer antes de Deus pôr um ponto final em tudo. Eu considero — de fato, se eu partisse amanhã — que vivi minha vida e a vivi bem.

As histórias de vida de mulheres negras como Onnie Logan nos lembram de que os "meios de subsistência corretos" podem ser alcançados a despeito de nossa posição de classe ou nível de instrução.

Para conhecer o trabalho ao qual somos "chamadas" a desempenhar neste mundo, devemos conhecer a nós mesmas. A prática dos "meios de subsistência corretos" nos convida a sermos mais plenamente conscientes de nossa realidade, do trabalho que fazemos e da forma como o fazemos. Agora que escolhi a escrita da maneira mais plena que em qualquer outro momento da minha vida, o trabalho em si me parece mais feliz. No ato de escrever, sinto meu ser inteiro sendo afirmado. Conforme as mulheres negras desaprendem a maneira convencional de pensar o trabalho — que dá mais importância ao dinheiro e/ou ao *status* do que ao trabalho que fazemos ou como nos sentimos em relação a esse trabalho —, nós vamos encontrando nosso caminho de volta para aqueles momentos celebrados pela nossa ancestralidade, quando o trabalho era uma paixão. Nós tornamos a aprender que "o trabalho adoça a vida".

4

CONHECENDO A PAZ: UM FIM AO ESTRESSE

> *É contra esse bloqueio entre nós e outras pessoas — entre aquelas que estão vivas e aquelas que estão mortas — que devemos trabalhar. Quando bloqueamos aquilo que nos machuca, pensamos que estamos nos protegendo da dor. Mas, a longo prazo, esse muro que erguemos para nos proteger, que impede o crescimento, nos machuca mais que a dor, que, se apenas suportamos, logo passa. Resvala em nós e vai embora.*
>
> **Alice Walker,** *The Temple of My Familiar*
> **[O templo dos meus familiares]**

Quando vivemos em paz, nossa vida não é atormentada pela angústia do estresse. Muito do que foi dito nos capítulos anteriores sobre a vida das mulheres negras deveria indicar que a nossa vida está longe de ser pacífica. O estresse é um assassino oculto entre os principais problemas de saúde enfrentados pelas mulheres negras. Quando estamos sobrecarregadas, e ultrapassamos os nossos limites, o estresse é a resposta do corpo que carrega um fardo maior do que pode suportar. Quando tentamos fazer mais do que podemos, enfrentando mais do que poderíamos lidar em várias vidas, nós acabamos sentindo que a nossa vida está fora de controle, que só podemos "dar um jeito na vida" por meio do gerenciamento e do controle. Ironicamente, o estresse costuma se manifestar de forma mais danosa quando as coisas estão fora de controle, mas ainda assim muitas mulheres negras tentam lidar com isso procurando assegurar e manter o controle, o que, obviamente, intensifica o estresse. Quando sentimos que não podemos mais garantir uma agência significativa e transformadora em nossa vida, quando estamos fazendo demais, quando experimentamos uma sensação iminente e contínua de fracasso, ansiedade e preocupação constantes, o estresse já invadiu a nossa vida e tomou o controle. Sem ao menos sabermos como isso aconteceu, nós nos esquecemos de como é viver sem esse problema tão debilitante.

O estresse que causa riscos à vida se tornou um estado psicológico de muitas mulheres negras (e homens negros). Muito do estresse experimentado pelas pessoas negras se relaciona diretamente à forma como os sistemas de dominação — o racismo, o sexismo e o capitalismo em particular — perturbam as nossas capacidades de exercermos plenamente a autonomia. É uma trágica ironia que tantas pessoas negras sofram de ansiedade e de estresse excessivos como resultado da integração racial. Em uma outra ocasião, falei sobre o fato de que o retorno às vizinhanças negras que não são controladas por uma presença branca visível forneceu às pessoas negras o espaço necessário para que elas pudessem recuperar e reaver alguma medida de sanidade. O poder dessas comunidades segregadas vinha do fato de serem lugares onde as pessoas negras tinham visões de mundo opostas. E isso nos ajudava a manter nossa integridade, nossa própria vida. Ainda há muitas comunidades segregadas, mas elas não costumam ser constituídas como comunidades de resistência. Atualmente, muitas pessoas negras trabalham em ambientes integrados, nos quais a presença do racismo pode trazer uma tensão a mais para o ambiente de trabalho. Além disso, somos obrigados a encontrar essa mesma tensão aterrorizante em bancos, lojas, supermercados ou no transporte público. Muitas pessoas negras, em especial aquelas trabalhadoras pobres e pertencentes às classes mais baixas, se sentem impotentes para mudar a maioria das coisas em sua vida. E ainda assim elas têm de sobreviver. Elas têm de encontrar uma forma de se levantar pela manhã e fazer a vida acontecer. O processo como um todo é profundamente estressante.

Uma vez que as mulheres negras são as principais provedoras nos lares negros, com os homens presentes ou não, nós costumamos sentir que depende de nós manter tudo nos conformes. Se examinarmos a história das mulheres negras e do trabalho nesta sociedade, fica claro que nós temos sido empregadas em trabalhos árduos e extenuantes, onde nos vemos forçadas a ultrapassar limites normais. (Não esqueçamos de que a escravidão era um sistema contínuo de trabalho até a exaustão.) As mulheres negras, então, voltam para casa, para aquilo que a socióloga Arlie Hochschild chama de "segundo turno", que é o trabalho doméstico e o cuidado das crianças, geralmente sem a ajuda de seus companheiros homens. Meu ponto é que nós, pessoas negras, e mulheres negras em particular, somos tão bem socializadas a ultrapassar limites saudáveis que costumamos não saber como estabelecer barreiras protetoras que eliminariam certas formas de estresse de nossa vida. Esse problema atravessa as classes. O que acontece quando profissionais negras que se "escravizam" o dia todo no trabalho voltam para casa e trabalham um pouco mais e ainda fornecem cuidado e aconselhamento para pessoas que a procuram tarde da noite? É a culpa em relação ao privilégio material que nos faz continuar nos sentindo "pessoas comuns" e trabalhar até a exaustão, ainda que não precisemos? Raramente as estatísticas de doenças do coração, úlceras, hipertensão e vícios diversos diminuem entre as classes, então podemos ver que as mulheres negras "afortunadas" são quase tão atingidas por essas doenças relacionadas ao estresse quanto as "desafortunadas".

Em uma sociedade que condiciona todas as pessoas a acreditarem que as mulheres negras são postas neste mundo para serem pequenas abelhas operárias que trabalham sem parar, não surpreende que nós também tenhamos dificuldades de pedir uma pausa. Quando minhas cinco irmãs e eu saímos de casa para montar nossos lares, uma das primeiras coisas que notamos foi que nossa mãe nunca parou de trabalhar. Ela conservava um padrão estabelecido pela mãe dela, que passou a vida inteira acordando de manhãzinha para começar seu dia de trabalho. A mãe da minha mãe vendia minhocas para pesca e ela mesma gostava de pescar. E eu me lembro do dia em que a encontraram, aos oitenta anos de idade, caída perto do riacho quando procurava minhocas para pescar. Em parte, essas gerações de pessoas negras sulistas eram tão desesperadas para mostrar ao mundo branco que elas não eram "preguiçosas" que acabaram por se tornar trabalhadoras compulsivas. A escravidão não socializou as gerações anteriores a serem compulsivas em relação ao trabalho? Trabalhar na fazenda, cultivar a terra, não significava longos dias de labuta pesada? A necessidade compulsiva por estar sempre ocupada que observamos em nossa mãe, que nunca descansa (ela tem pressão alta), é perturbadora. E ainda assim muitas de nós adotamos um padrão de vida similar. Nós não sabemos quando parar.

Saber quando parar é reconhecer o seu próprio valor. Se nós, mulheres negras, não aprendemos a valorizar nossos corpos, então não podemos responder totalmente quando nossos corpos estão sendo postos em perigo pelo estresse excessivo. Já que a sociedade nos recompensa mais, indicando que temos valor quando estamos dispostas a nos levar ao limite e além, nós precisamos de uma prática de afirmação da vida, um contrassistema de valorização, a fim de resistir a essa agenda. A maioria das mulheres negras ainda não desenvolveu um contrassistema.

O estresse relacionado ao trabalho costuma ser a manifestação de estresse mais fácil de identificar, embora nem sempre seja a área mais fácil de mudar. Uma das irmãs do inhame original deixou Yale como advogada e foi trabalhar em um emprego que parecia maravilhoso, que envolvia questões sociais e políticas progressistas. Tudo nesse emprego parecia perfeito para as necessidades dela. Mas ela teve de lidar com pessoas brancas desrespeitosas que a supervisionavam e que não haviam desaprendido seu racismo. A maioria das mulheres negras tem histórias horrendas sobre a forma como as pessoas brancas continuam a pensar que trabalhamos para elas como suas "empregadas", seja qual for o nosso *status* profissional. Em vez de ser um espaço de empoderamento, esse ambiente de trabalho tem se mostrado incapacitante (minha menina envelheceu — o estresse que ela está experimentando se manifesta em seu rosto e em sua linguagem corporal). Agora, nada daquilo que a incapacita ou desanima se relaciona diretamente às funções dela, mas ao estresse em torno das dinâmicas interpessoais. Embora ela saiba que deve procurar outro emprego, a preocupação financeira a mantém trabalhando em um contexto que, fundamentalmente, agride seu bem-estar. Juntas, nós tentamos pensar em estratégias para diminuir o estresse e intensificar sua noção de agência. A experiência dela é similar à experiência de muitas mulheres negras.

Eu cresci ouvindo as mulheres negras da nossa família, que trabalhavam como domésticas, falando sobre o estresse de serem constantemente observadas pelas pessoas brancas para as quais trabalhavam, e me ouço articulando esse mesmo aborrecimento em meu trabalho, no Departamento de Inglês. A menos que nós, mulheres negras, comecemos a fazer de nossa saúde e de nosso bem-estar prioridades, não nos será possível desenvolver estilos de vida que melhorem nossa vida. Essa não é uma tarefa fácil, mas é recompensadora. No futuro, espero que todas as mulheres negras dos Estados Unidos estabeleçam grupos de apoio relacionados ao trabalho, em que alguém com habilidade e conhecimento possa aconselhá-las sobre formas de remapear ou mudar seus estilos de vida e padrões profissionais. Penso que muitas vezes eu esteja mais apta a dar conselhos a outra pessoa que a mim mesma, então acho que é bom encontrar uma conhecida ou amiga para trocar "leituras" construtivas da vida ou da situação profissional uma da outra.

Eu sugeri para a advogada cuja situação descrevi anteriormente que ela passasse algum tempo visualizando o que ela faria em seu emprego se as pessoas que a supervisionavam não estivessem presentes, determinando tanto a forma como ela se sentia quanto a forma como ela trabalharia. Então eu a encorajei a usar isso como uma maneira de estabelecer agendas que não lhe permitissem se distrair desnecessariamente por tensões interpessoais. O objetivo desse exercício era ajudá-la a entrar em contato com seu poder e agência no ambiente de trabalho. A ideia era redirecionar a atenção dela, tirando-a do problema e focando-a em sua capacidade de tomar atitudes específicas para o seu próprio bem. Essa é, obviamente, apenas uma solução de curto prazo. Ela precisa deixar esse emprego. Mais de uma vez me pego dizendo a mim mesma e para amigas negras que inventam desculpas para justificar o fato de não se demitirem de empregos estressantes: "Se o trabalho está te matando, então você não está enriquecendo a sua vida de nenhuma forma continuando nele". Minha experiência com amigas e conhecidas negras indica que aquelas entre nós que se mantêm em trabalhos que estão nos "matando" tendem a se sentir compelidas a criar razões que justifiquem nossas ações, como gastar demais (o que, então, transfere o estresse para as finanças e nos obriga a precisar do trabalho).

Praticamente todas as mulheres negras que eu conheço dispendem muito de sua energia vital preocupadas e estressadas com dinheiro. Já que muitas de nós viemos de um contexto econômico em que nunca se tinha dinheiro suficiente para bancar as despesas, no qual sempre havia ansiedade em relação às finanças, nós podemos ter alcançado a maioridade pensando que a vida é assim mesmo. Ao mesmo tempo, em tais ambientes, nós podemos nunca ter chegado a aprender como gerenciar as finanças. Embora muitas de nós continuem a ter ganhos que excedem em muito a renda da nossa família, podemos passar dos limites gastando demais ou compartilhando com pessoas amigas e parentes, para depois descobrirmos que não temos o suficiente, que estamos constantemente em dívida (o que apenas intensifica o estresse). Nós precisamos de mais consultoras financeiras negras que possam ajudar suas irmãs a acertar as coisas e nos ensinar a usar o dinheiro com sabedoria. Nós precisamos saber como eliminar de nossa vida o estresse relacionado ao dinheiro.

No início da minha vida adulta, me vi endividada por compras de roupas. Eu tinha acabado de terminar a faculdade, estava procurando um emprego e pensei que precisava de um guarda-roupa novo. Uma roupa só não serviria. O estresse dessa dívida foi tão intenso que eu pensei: "Nunca mais". Comecei a ler livros de autoajuda que ensinavam a gerenciar dinheiro. Em pouco tempo, consegui pagar minhas dívidas e aprendi a gerenciar as finanças. Livrar minha vida do estresse financeiro ainda me deu um outro espaço para sentir uma paz interior. E tentei compartilhar com outras mulheres negras as estratégias que usei. Algumas delas estão tão convencidas de que é impossível eliminar o estresse financeiro que se recusaram a tentar de verdade. Não é algo impossível.

Uma das estratégias mais simples é aprender a viver com as próprias condições. E é difícil porque a maioria de nós deseja coisas que vão muito além das nossas condições. Mas nós precisamos ter uma noção da forma como gastamos nosso dinheiro. Para fazer isso, podemos registrar nossos gastos durante uma semana ou um mês e então olhar para esse registro como um mapa e analisá-lo. Eu descobri que grande parte da minha renda é gasta com a conta telefônica. Vivendo em um ambiente isolado, eu costumo encontrar apoio psicológico em conversas com pessoas amigas e camaradas. Mas eliminar uma área de estresse criando outra é problemático. Decidi que era importante para mim manter as ligações com um limite estabelecido. Com essa finalidade, agora registro todas as ligações e quanto eu acho que custariam, de forma a saber quando estou atingindo o limite. Costumava dizer às pessoas (e ainda digo quando não estou dentro do meu orçamento) que eu podia avaliar como estava meu estado mental no decorrer de meses olhando para as minhas contas telefônicas. Ouvindo isso como um comentário sobre o meu bem-estar, comecei a pensar que talvez precisasse me mudar. Quando nós, mulheres negras (muitas de nós), estamos longe da comunidade, de pessoas amigas e da família, para trabalhar em "bons" empregos, e então usamos o telefone para ter acesso a essa comunidade, nós podemos avaliar se estamos ou não conquistando uma qualidade de vida geral vivendo onde está o "bom" emprego, e não onde o nosso amor e apoio estão.

Nadar contra a corrente, escolher a comunidade em vez de um "bom" emprego, pode ser uma escolha difícil para as mulheres negras. Mais uma vez, nós apenas somos capazes de fazer escolhas de estilo de vida que melhorem o bem-estar e reduzam ou eliminem o estresse debilitante se acreditamos que merecemos viver bem. A maioria das mulheres negras não tem essa noção de "direito". Não somos criadas para acreditar que viver bem é um direito inato nosso. Mas é. Nós temos que reivindicar esse direito. Fazer isso cria automaticamente uma mudança de perspectiva que pode agir como uma intervenção no estresse que enfrentamos na vida. Quando aceitamos que temos o direito de viver bem, nós nos sentimos empoderadas para fazer mudanças, para romper com velhos padrões. Isso não significa que não vamos ter que lidar com as dificuldades que surgem quando fazemos mudanças. Deixar empregos estressantes costuma ser mais fácil do que traçar novas jornadas, encontrar outros mapas que, se seguidos, nos conduzirão a esses locais de bem-estar.

Para algumas de nós, interromper um ritmo de trabalho estressante pode significar confrontar "vazios" em nossa vida, áreas de carência, insatisfação, solidão e tristeza. O ensaio de Opal Palmer Adisa, "Rocking in the Sunlight: Stress and Black Women" [Balançando à luz do sol: estresse e mulheres negras], publicado no *The Black Women's Health Book*, aborda o estresse que as mulheres negras sentem quando estão simplesmente insatisfeitas com a vida. Adisa escreve:

> Você já se perguntou por que tantas irmãs parecem sentir tanta raiva? Por que caminhamos como se levássemos tijolos na bolsa, como se fôssemos bater

e xingar você de repente? É porque o estresse está embainhado em nosso vestido, grudado em nossos cabelos, misturado ao nosso perfume e impresso em nossos dedos. Um estresse causado pelos sonhos adiados, pelos sonhos não ditos; um estresse causado pelas promessas quebradas, pelas mentiras descaradas; um estresse causado por estarmos sempre à margem, por nunca sermos consideradas bonitas, por sempre esperarem que estaremos à disposição, pela vantagem que tiram de nós; um estresse causado por ser uma mulher negra nos Estados Unidos. Muito desse estresse é causado pela forma como o mundo exterior se relaciona conosco. Nós não podemos controlar esse mundo, embora seja possível mudá-lo às vezes, mas podemos assegurar agência em nossa própria vida, de forma que o mundo exterior não possa determinar nossas respostas nem transformar a nossa vida em um depósito de estresse.

O pensamento positivo é um ótimo antídoto para o estresse. Uma vez que a maior parte de nossas preocupações pessoais tem a ver com um sentimento de que o pior pode acontecer, nós podemos conter essa visão negativa mudando padrões de pensamento. Essa não é uma tarefa fácil para muitas pessoas negras. Algumas de nós (eu inclusive) realmente "embarcamos" nessa coisa de fazer uma "sacada" cínica da vida. Nós expressamos um monte de pensamentos negativos no discurso vernacular humoroso. E muitas vezes encontramos aí uma espécie de magia e de atrevimento que conforta. É algo ligado à nossa noção de sermos capazes de olhar para o lado difícil e lidar com isso. Francamente, devo confessar, tem sido muito, muito difícil para mim abandonar esse hábito e me envolver no pensamento positivo. A vasta maioria das pessoas negras, em particular aquelas entre nós que vêm de contextos destituídos de privilégios de classe, desenvolveram estratégias de sobrevivência baseadas na prática de imaginar o pior e planejar uma forma de lidar com isso. E uma vez que o "pior" raramente acontece, há uma sensação de alívio quando percebemos que somos capazes de lidar com qualquer realidade e não precisamos enfrentar uma decepção debilitante.

    O pensamento positivo parece muito mais assustador. Pensar que o universo não é um lugar estranho, que há recursos suficientes para atender às necessidades de todo mundo — pois muitas de nós tendemos a não encarar a realidade e nos orgulhamos de não sermos "polianas" e, de forma mais cruel, de não sermos nenhuma "menininha branca". Bem, eu cresci ouvindo as pessoas me chamando de "senhorita branquela". Esse meu apelido era muito mais ligado ao fato de eu querer o que queria e de expressar minha decepção quando não conseguia. Eu chorava; eu reclamava. As pessoas ao meu redor viam isso como um sinal de fraqueza e eu internalizei esse pensamento. Agora sou mais esperta. Abandonar o vício de sermos duronas, de enfrentar tudo sem demonstrar mágoa ou dor, nos permite expressar decepção, mágoa, indignação e sermos confortadas. Reprimir emoções intensifica o estresse. Em *The Salt Eaters*, quando o marido de Velma vai ver Ahiro para receber sua massagem de sempre, ele fica chocado quando ouve que o que ele precisa é de um bom choro, que ele não deveria "nunca estar cansado demais para rir nem ser adulto demais para chorar". É saudável dar expressão para uma ampla gama de emoções. Essa é uma forma de pensar e agir positivamente que pode reduzir muito o estresse.

    As pessoas negras têm receio de que o pensamento positivo seja irrealista. E ainda assim não podemos de fato nomear os benefícios dos padrões de pensamento negativo além da possibilidade de repelir a decepção. O que significaria para as pessoas negras acreditar coletivamente que, apesar do racismo e de outras forças de dominação, nós podemos encontrar no universo tudo de que precisamos para viver bem, inclusive a força para nos engajarmos no tipo de resistência política capaz de transformar a dominação? As mensagens de esperança projetadas por Martin Luther King foram importantes porque nós sabíamos que, nos tempos difíceis, tinha de haver uma fundação positiva para alimentar o ímpeto da luta e do sacrifício. Não surpreende que o último escrito dele, publicado após sua morte, tenha sido intitulado como *A Testament of Hope* [Um testamento de esperança].

Muitas lideranças políticas negras excepcionais têm praticado o pensamento positivo. A autobiografia de Shirley Chisholm, *Unbought and Unbossed* [Não comprada e não chefiada], é um poderoso exemplo da forma como podemos usar o pensamento positivo para realizar sonhos. Um modelo de comportamento para mim por sua inabalável integridade, Chisholm quer dizer a quem lê que ela "persistiu na busca pelo caminho em direção a um mundo melhor". Demonstrando sua confiança pessoal, ela afirma: "Minha importância, quero acreditar, não vem do fato de eu ter sido a primeira mulher negra eleita para o Congresso dos Estados Unidos, mas do fato de eu ter conquistado o cargo público sem me vender para ninguém". E quem entre os pares dela poderia ter imaginado que Shirley Chisholm seria a primeira pessoa negra e a primeira mulher presidenciável dos Estados Unidos? Poucas pessoas conseguem realizar algo contra todas as chances sem aprender a pensar positivamente. E, embora muitas de nós saibamos disso, ainda assim achamos difícil abandonar padrões de pensamento negativo.

O livro de autoajuda que realmente me ajudou a repensar minhas atitudes sobre o pensamento positivo foi *Feel the Fear and Do It Anyway*. Um parágrafo muito perspicaz ajudou em especial. Esse parágrafo se concentrou na preocupação. Em respostas a pessoas críticas que sugerem que seu pensamento positivo é irrealista, a autora, Susan Jeffers, afirma:

> É relatado que mais de 90% daquilo que nos preocupa nunca acontece. Isso significa que as nossas preocupações negativas têm uma chance de 10% de assertividade. Se é assim, ser uma pessoa positiva não seria mais realista que ser uma pessoa negativa? Pense na sua vida. Aposto que a maior parte das suas preocupações não acontece. Então você está sendo realista quando passa o tempo todo se preocupando?

A preocupação é outra causa principal de estresse na vida das mulheres negras. Muitas de nós nos preocupamos porque isso nos permite imaginar que pensar de forma constante e obsessiva em alguma coisa, com inquietação, significa que estamos no controle. Aprender a deixar para lá é crucial para reduzir e eliminar o estresse. E muitas vezes as mulheres negras sentem que o que nos preocupa de fato "acontece". Isso significa que precisamos considerar se o pensamento positivo pode mudar o resultado dos eventos. Com certeza, o estresse não nos capacita para lidar com o que quer que surja em nosso caminho.

Para nós, mulheres negras, é importante que avaliemos nossa vida e identifiquemos honestamente o que nos causa estresse. Então precisamos buscar formas de lidar com isso e mudar. Eu sofro muito de insônia. E isso me causa estresse porque, depois de uma noite sem dormir, eu geralmente tenho que seguir com as atividades do dia como se não estivesse cansada. A meditação me ajudou a aprender a relaxar, de forma a aumentar minhas chances de dormir a noite toda ou, ao menos, viver minha vigília sem estresse. Seria útil para nós, mulheres negras, ouvirmos mais umas das outras sobre as formas pelas quais mudamos nossa vida para reduzir e/ou eliminar o estresse. De início, precisamos acreditar que isso é possível. Precisamos trabalhar conscientemente contra as normas culturais que nos fariam aceitar o estresse como a única maneira de viver. Muitas doenças relacionadas ao estresse e que atingem as mulheres negras são ligadas ao coração. E muitas de nós carregamos um coração partido. Nós precisamos recuperar nossa habilidade de viver de peito aberto, de sermos capazes de lidar, sem estresse, com o que a vida nos apresentar, seja lá o que for.

5

AFASTANDO-SE DO VÍCIO

A autorrecuperação é uma ideia que a maioria conhece mais a partir de programas focados em ajudar as pessoas a se livrar de vícios, geralmente em substâncias. Embora tenha aprendido sobre esse termo em um escrito político sobre a questão da descolonização, eu achei significativo conectar a luta das pessoas para se "recuperar" do sofrimento e dos traumas causados pela opressão/exploração política e o esforço para romper com um comportamento adicto. Na vida negra contemporânea, os vícios incapacitantes se tornaram uma ameaça à nossa sobrevivência enquanto povo. Ainda assim, muitas pessoas negras se recusam a levar a questão do vício a sério, ou, se aceitamos os danos individuais e coletivos que o vício causa, nós podemos nos recusar a considerar seriamente o que significa criar um ambiente no qual as pessoas possam se recuperar. Cada vez mais os livros que tratam do vício enfatizam que a nossa cultura é uma cultura do vício. Como Stanton Peele explicou já em 1975:

O vício não se trata de uma reação química. O vício é uma experiência — que surge de uma resposta subjetiva e rotineira do indivíduo a algo que tenha um significado especial para ele — alguma coisa, qualquer coisa, que ele julgue tão segura e reconfortante que não pode viver sem ela [...]. Nós ainda percebemos que os hábitos de dependência são aprendidos porque crescemos em uma cultura que nos ensina a ter uma noção de inadequação pessoal, uma dependência em baluartes externos e uma preocupação com o negativo ou o doloroso, e não com o positivo ou o jubiloso. O vício não é uma anormalidade em nossa sociedade. Não é uma aberração da norma, mas a norma em si.

Uma cultura de dominação prejudica a capacidade dos indivíduos de assegurar uma agência significativa em sua vida. E é necessariamente uma cultura do vício, uma vez que socializa a maior quantidade de pessoas possível a acreditar que elas não podem confiar em si mesmas para atender até mesmo suas necessidades humanas básicas.

Considerando a forma como as pessoas negras têm sido socializadas, da escravidão até os dias atuais, a acreditar que nós apenas podemos sobreviver com o apoio paternalista de uma estrutura de poder branca, surpreende que o vício tenha se tornado tão onipresente em nossas comunidades? Não foi por mero acidente do destino que as estruturas institucionalizadas do patriarcado capitalista supremacista branco tenham criado uma sociedade moderna em que a maioria das pessoas negras vive na pobreza e em extrema privação — a maioria, geralmente, sem nenhuma esperança de mudar seu *status* econômico. Viver sem a capacidade de exercermos uma agência significativa sobre nossa vida material é uma situação que convida ao vício. Ao mesmo tempo, o vício entre as pessoas negras que possuem rendas altas, que são profissionais, costuma se relacionar diretamente ao estresse e à baixa autoestima engendrados pelo trabalho em ambientes com pessoas brancas que não desaprenderam o racismo, e pelo sentimento de que nós não podemos efetivamente confrontar as dificuldades da vida.

Eu testemunhei em primeira mão a angústia de pessoas amadas da minha família entregues ao vício e pude aprender formas de ajudá-las sem ser codependente. Assim, acredito que as pessoas negras não podem experimentar coletivamente a recuperação se continuarmos a negar a experiência do vício. Eu gostaria de explorar a forma como a construção social das mulheres negras como "mãezonas" e cuidadoras, e nossa aceitação desse papel, nos torna candidatas fáceis para o papel de codependentes, permitindo que as pessoas ao nosso redor mantenham o vício. Quando olho historicamente para a vida negra, buscando explicações para a nossa recusa de ver o "vício" como algo problemático, eu encontro uma e outra vez, em especial entre as pessoas da classe baixa e trabalhadoras pobres, a crença de que as adversidades e os sofrimentos que as pessoas negras enfrentam dia a dia só podem ser suportados se mediados por um reino de prazer no qual são aceitáveis quaisquer formas pelas quais consigamos nos sentir bem. Dentro do sistema escravagista, os raros dias de prazer coletivo envolviam o abuso de substâncias. Faz todo sentido em uma sociedade de dominação, em que as pessoas negras continuam sendo a maioria oprimida e explorada, que as pessoas busquem aqueles mecanismos sociais que as permitam escapar, que procurem formas de entorpecer a dor, de experimentar o esquecimento. (Entre as pessoas negras da África do Sul, o alcoolismo está no topo da lista de doenças/vícios mortais.)

Em muitas comunidades negras tradicionais, acreditava-se que uma pessoa alcoólatra era aquela que bebia demais e que já não era capaz de exercer controle sobre seu comportamento. Pessoas obviamente dependentes da bebida e que não manifestavam nenhum comportamento antissocial nunca eram identificadas como alcoólatras. E ainda que haja um grande entendimento sobre a natureza do abuso de substâncias em muitas comunidades negras contemporâneas, ainda há a suposição de que não há problema se a pessoa não exibe nenhum comportamento antissocial. O vício em drogas tem sido mais prontamente aceito como algo "perigoso", pois muitas vezes leva ao comportamento antissocial.

Em geral, as pessoas pensam que o comportamento antissocial é aquele que leva um indivíduo a causar danos físicos a outras pessoas ou à propriedade. Tem havido pouca preocupação expressa publicamente sobre o abuso psicológico na vida negra. Quando as estruturas de dominação identificam um grupo de pessoas (da mesma forma que a ideologia racista faz com as pessoas negras nesta sociedade) como "mentalmente" inferiores, implicando que elas teriam mais "corpo" que mente, não é de surpreender que haja pouca preocupação social com os cuidados de saúde mental desse grupo. De fato, ao perpetuar e sustentar a dominação, a sociedade investe, por assim dizer, na enfermidade mental de determinados grupos, para oprimi-los e explorá-los com mais eficiência. Ao internalizar o pensamento racista ou ao tentar subvertê-lo de forma descuidada, muitas pessoas negras tendem a considerar que nós temos uma vantagem sobre as pessoas brancas "bobas", que têm todos aqueles problemas de saúde mental e precisam de terapia. Nossa vantagem, nossa única reivindicação de superioridade, seria, supostamente, o fato de não sofrermos de enfermidades mentais. Mitos como esse tornam quase impossível para algumas pessoas negras encararem o fato de que os dilemas psicológicos podem ser uma importante fonte de vícios.

Um aspecto do mito da mulher negra "forte" que continua a alimentar o autoconceito das mulheres negras é a suposição de que nós somos, de alguma forma, como uma deusa-mãe terrena que possui a capacidade de lidar com todo tipo de adversidade sem desabar, física ou mentalmente. Muitas mulheres negras aceitam e perpetuam esse mito. Por fornecer uma máscara conveniente, esse mito pode ser a identidade projetada que esconde o vício e a enfermidade mental entre as mulheres negras. Para enfrentarmos o vício em nossa vida e nos engajarmos em um processo de autorrecuperação, as mulheres negras devem romper com todas as formas de negação que nos faz fingir que sempre temos o controle de nossa vida, que não "surtamos", que não abusamos de substâncias.

Dois vícios que afetam as mulheres negras, que podem não ser tão evidentes quanto o abuso de drogas e álcool, são os vícios em comida e a compra compulsiva. Uma vez que o consumismo constante é uma norma social encorajada, fica fácil para as mulheres negras mascararem o consumismo adicto e compulsivo que ameaça o bem-estar, que nos leva a mentir, enganar e roubar para poder "comprar" tudo o que desejamos. Ao mesmo tempo, na vida negra, "gorda" não carrega muitas das conotações negativas que possui na sociedade dominante. Embora as mulheres negras sejam o grupo mais obeso nesta sociedade, estar acima do peso não significa carregar o estigma da falta de atrativos físicos ou sexuais, que é a norma na sociedade branca. No entanto, isso significa que é muito fácil para as mulheres negras esconderem seu vício em comida. Na nossa família, embora fosse um costume ridicularizar os indivíduos que comiam compulsivamente, isso nunca foi visto como um problema sério. Geralmente, as pessoas viciadas em comida eram filhas de alcoólatras. Na minha infância, porém, ninguém fazia a conexão entre os dois transtornos. Apenas nos anos recentes foi que a pesquisa sobre o vício esclareceu as conexões entre o consumo de açúcar e outras formas de vício. Muitas crianças negras inseridas em um ambiente familiar em que o vício em álcool ou drogas está presente consomem grandes quantidades de açúcar, pavimentando psicologicamente o caminho para outros vícios no futuro.

Conforme observado, os vícios na vida negra costumam estar ligados ao desejo de experimentar o prazer e escapar de sentimentos dolorosos. O livro *Craving for Ecstasy* [Desejando o êxtase] é uma poderosa exploração da forma como esses desejos servem de catalisadores do vício. Nossa vontade de comer doces quando crianças era totalmente ligada ao desejo pelo prazer, em especial aquela forma de prazer relacionada a uma noção de transgressão ou tabu. Em *O olho mais azul*, de Toni Morrison, Pecola, a menininha negra cheia de auto-ódio, vítima de estupro incestuoso, enfrenta sua angústia pessoal e sua vergonha comendo doces. Pecola gosta de um doce que traz a imagem de uma menina branca que simboliza a bondade e a felicidade que estão fora de seu alcance. Assim, seu vício em açúcar é fundamentalmente conectado à sua baixa autoestima. O doce representa o prazer e a fuga para a fantasia:

> Cada papel amarelo tem uma figura. Uma imagem da pequena Mary Jane, que dá nome ao doce. Uma cara branca sorridente. Cabelos loiros levemente desalinhados, olhos azuis olhando para ela de um mundo de conforto limpo. Os olhos são petulantes, travessos. Para Pecola, são simplesmente bonitos. Ela come o doce e sua doçura é boa. Comer o doce é, de alguma forma, comer aqueles olhos, comer Mary Jane, amar Mary Jane. Ser Mary Jane.

Comer sempre foi um lugar de prazer central na vida negra tradicional. O ato se torna um vício quando os indivíduos buscam, por meio do comportamento compulsivo, experimentar continuamente o conforto e a realização por meio da substância. Muitas mulheres negras que vivem sozinhas (profissionais ativas ou desempregadas) costumam usar a comida e a bebida como formas de recompensa e conforto. Muitas vezes essas atividades substituem as conexões emocionalmente nutritivas com outros indivíduos, conexões então ausentes.

Os vícios costumam se tornar centrais na vida das mulheres negras quando experimentamos um estresse que influencia nossa vida. O rompimento de uma relação, a perda de um ente querido e uma perda abrupta de emprego são apenas alguns exemplos de situações que podem levar indivíduos a abusarem de substâncias em um esforço de seguir na vida quando prefeririam dar uma pausa. Tragicamente, a energia recebida dos vícios é artificial e, em última análise, cobra seu preço. Uma pessoa da minha família adquiriu o vício em álcool e drogas em um momento da vida quando ela sentia que era impossível lidar com a maternidade. Enquanto viciada, ela era percebida como alguém "fora de controle", e não mais uma "boa" mãe, então foi aceitável que ela deixasse suas crianças aos cuidados de outros membros da família. O que me impressionou nessa situação foi o fato de que ninguém teria demonstrado muita simpatia ou consideração se ela tivesse procurado a família para dizer: "Estou tendo um colapso nervoso, não consigo lidar com essas crianças. Preciso de um espaço para me recobrar". Essas demandas teriam contrariado a norma da mulher negra forte. Sem dúvida, teriam dito para ela "se acalmar", que "ninguém iria fazer o trabalho dela por ela" ou que "se você não queria cuidar de crianças, devia ter pensado melhor antes de ter". Por mais absurdo que possa parecer, eu me pergunto até que ponto o "vício" debilitante tem permitido às mulheres negras, particularmente as de classe baixa e trabalhadoras pobres, darem um tempo necessário em tudo. Infelizmente, quando o vício é a razão para o colapso ou para a desistência, as circunstâncias não permitem que o indivíduo se comprometa com um processo de recuperação "saudável" e construtivo.

As atitudes negativas em relação à terapia na vida negra podem dificultar a busca pelo cuidado com a saúde mental quando as pessoas precisam dele. Dessa forma, cresce a probabilidade de as pessoas buscarem "alívio" por meio do abuso de substâncias. Geralmente, as mães negras estão entre o grupo de pessoas negras que se opõem com mais veemência à busca pela terapia. Sua resistência à terapia parece estar ligada à noção de que se uma criança (jovem ou adulta) tem um problema de saúde mental, a mãe de alguma forma será culpada ou percebida como alguém que falhou em seu trabalho. Nossa mãe demonstrou uma maior disposição em lidar com os estragos do vício do que ao confrontar de forma construtiva e positiva as implicações de uma terapia que a ajudasse. Ela internalizou a divisão mente/corpo difundida na cultura. Na medida em que os vícios podem ser vistos apenas como algo fisiológico, o universo da psique, do psicológico, pode ser ignorado. Logo, as pessoas negras podem reconhecer os estragos do vício, mas ainda assim manter o mito de que não estamos sofrendo de enfermidades psicológicas. Quando percebemos o vício como algo ligado apenas ao corpo, e não à mente, nós podemos agir como se não houvesse a necessidade de buscar um ambiente terapêutico para experimentar a recuperação.

Quando um membro da minha família que lutava para lidar com um vício em crack entrou em um período em que estava "limpo", eu continuei encorajando-o a considerar a possiblidade de falar com alguém — uma terapeuta, um pastor, qualquer pessoa — sobre as questões mais profundas que podem ser os dilemas subjacentes ao seu vício. Ele resistiu a qualquer análise que sugerisse que seu abuso de substâncias pudesse estar ligado a dilemas psíquicos e a uma dor psicológica não reconciliada. Notavelmente, ele pôde manter seu vício e seu estilo de vida adicto por meio do apoio de mulheres negras — amantes, amigas e parentes. Elas agiram de forma codependente. Entender a codependência é crucial para a autorrecuperação das mulheres negras, pois esse é um papel que costumamos assumir involuntariamente.

Em seu livro *When Society Becomes an Addict* [Quando a sociedade se torna adicta], Anne Wilson Schaef sugere que uma das principais características de pessoas codependentes é que elas "são devotadas ao cuidado de outras pessoas". Soa familiar? Ela afirma ainda que pessoas "codependentes costumam ter sentimentos de baixa autoestima e encontram significado em se tornar indispensáveis para outras pessoas". Mais de uma vez, nos capítulos anteriores, falei sobre as formas pelas quais as mulheres negras são socializadas a assumir o papel da cuidadora onipresente e a maneira como a nossa aceitação passiva desse papel constitui uma barreira crítica para a nossa autorrecuperação. Em nenhum lugar isso é mais evidente que na matriz relacional do vício, na qual com tanta frequência costumamos atuar como codependentes.

Deixe-me dar um exemplo de um comportamento codependente. Imagine uma mãe negra que superou sua negação e aceitou que sua criança, já adulta, é viciada em drogas. Sabendo disso, ela ainda pode lhe dar dinheiro para a gasolina ou outras necessidades, preenchendo as lacunas criadas quando a pessoa usuária gasta todos os seus fundos no hábito do vício. Embora ela possa se orgulhar de "não dar seu dinheiro suado a ninguém para comprar drogas", ela também pode ser incapaz de ver a geladeira vazia de "sua criança" e não comprar comida, nem pode evitar pagar o aluguel — todas ações que podem propiciar o vício. Por conta de todo esse processo, ela consegue reafirmar que é necessária, que a "criança" (geralmente uma pessoa adulta que nunca aprendeu em casa ou na escola a tomar decisões responsáveis) não poderia sobreviver sem ela.

Muitas mulheres negras têm dificuldade de deixar suas crianças crescerem. Elas continuam tratando as crianças como dependentes dos cuidados delas muito tempo depois de esse tratamento ser apropriado. Todas aquelas entre nós que fomos criadas em lares negros tradicionais já ouvimos a frase: "Você vai ser sempre uma criança pra mim". É um refrão comum sempre que tentamos estabelecer nossa autonomia como pessoas adultas responsáveis. Em seu trabalho sobre o vício, Stanton Peele enfatiza a ligação entre a aceitação passiva da autoridade, da dominação hierárquica coerciva e o vício. Considerando o vício como "uma manifestação da necessidade de uma estrutura externa" em seu livro *Diseasing of America* [O adoecimento da América], ele analisa a forma como o ambiente familiar e a escola são lugares que mantêm os indivíduos dependentes, ensinando-os que o mais importante é obedecer às ordens. A parentalidade negra muitas vezes é focada na afirmação da autoridade por meio da coerção e da dominação. O respeito às pessoas mais velhas é transformado em sinônimo de obediência. Peele afirma que: "O medo do desconhecido e a relutância em abandonar fontes seguras de cuidado — esses são os ingredientes do vício". Talvez uma pesquisa futura sobre as pessoas negras e o vício poderá explorar a conexão entre sair de casa (em especial para aquelas pessoas criadas em ambientes predominantemente negros), o esforço de lidar com a vida e o trabalho em ambientes predominantemente brancos e o vício. Ao mesmo tempo, essa pesquisa poderia focar a relação entre a parentalidade repressiva na vida negra e o vício.

Quanto mais trabalhamos em nossa autorrecuperação, aumentando nossa autoestima, livrando nossa vida do estresse debilitante, rejeitando o impulso adquirido de atender às necessidades de todo mundo, menos nós seremos seduzidas para a codependência. Cada vez mais conheço mulheres negras que participam de programas de reabilitação para enfrentar o vício e transformar a vida. Esse é um sinal positivo para todas nós. Conversando com mulheres negras que participaram de programas de reabilitação sobre o caminho que as levaram até lá, um fator comum foi uma dor insuperável, geralmente por causa do término de uma relação ou de um trauma envolvendo membros importantes da família. Uma pessoa cujo pai havia acabado de ser internado por alcoolismo e enfermidades relacionadas também estava lutando com o fato de se encontrar numa relação próxima com uma pessoa viciada. Ela não queria acabar revivendo sua infância, tornando-se refém do passado, então passou a fazer parte de um programa de reabilitação. Várias outras mulheres negras falaram sobre a forma como ler escritos corajosos de outras mulheres negras sobre o abuso e a reabilitação lhes permitiram sentir que havia uma alternativa possível, que a cura era possível. Elas também buscaram ajuda terapêutica. Embora várias mulheres negras com quem conversei tenham participado de programas que usavam o modelo dos "Doze Passos", todas elas falaram sobre a dificuldade de frequentar reuniões em que poucas ou nenhuma pessoa negra estava presente. Todas elas concordaram que o apoio e a afirmação para a recuperação não precisam vir de alguém que compartilhe da mesma raça ou gênero, mas também reconheceram que era importante e especialmente afirmativo poder compartilhar o processo de reabilitação com pessoas iguais a elas. No futuro, nós esperamos ouvir mais das mulheres negras que enfrentaram vícios, que estão totalmente engajadas na reabilitação e cuja vida transformada é um testemunho vivo.

6

SONHANDO-NOS ESCURAS E PROFUNDAS: BELEZA NEGRA

> *Onde há uma mulher, há magia. Se uma lua cai de sua boca, ela é uma mulher que conhece sua magia, que pode ou não compartilhar seus poderes. Uma mulher com a lua caindo da boca, rosas entre as pernas e tiaras de barba-de-velho. Essa mulher é uma companheira dos espíritos.*
>
> **Ntozake Shange,** *Sassafrass, Cypress and Indigo*

Em um espaço antes do tempo e das palavras, o mundo era coberto por uma manta grossa de escuridão, uma manta quente e acalentadora. Uma vez que era difícil para os espíritos que habitavam esse espaço se verem, eles aprenderam a viver pelo tato. Então, se você estivesse correndo a esmo, perdida, você sabia que tinha sido encontrada quando braços se estendiam naquela escuridão acolhedora para segurar você. E ainda nos abraçam aqueles mesmos braços que abraçaram os espíritos naquele belo espaço escuro antes do tempo.

Essa é uma história originária que inventei. Pensei nela um dia, quando estava tentando explicar para uma menininha negra de pele clara onde os bebês viviam antes de nascer

— então eu disse para ela que os bebês viviam nesse mundo de escuridão acolhedora. Eu inventei essa história porque queria que aquela menininha crescesse sonhando com a escuridão e sua poderosa negritude como um espaço mágico que ela nunca precisaria temer ou dele se recear. Eu inventei essa história porque pensei que um dia aquela menininha iria ouvir todo tipo de coisas ruins sobre a escuridão, sobre a poderosa negritude, e quis apresentar a ela uma outra visão. Eu segurei a mão dela, como o pai do meu pai, o Pai Jerry, um homem que trabalhava a terra, que sabia que a terra era sua testemunha, um dia segurou a minha mão na mais escura noite de verão e me ensinou que a manta da noite da qual eu tinha medo queria, na verdade, ser minha amiga, contar todos os seus segredos. E eu lembrei a menininha, como Pai Jerry me lembrou então, que aqueles braços que antes nos abraçaram, naquele espaço escuro antes das palavras e do tempo, ainda nos abraçam.

Por tradição, as pessoas negras tiveram de elaborar toda a sorte de pensamentos e sonhos imaginativos para criar as crianças negras livres do racismo internalizado em uma sociedade supremacista branca, uma sociedade que a todo momento e em qualquer ocasião de nossa vida nos incentiva a odiar a negritude e a nós mesmas. Ao que me parece, quando vivíamos no apartheid racial extremado da era Jim Crow, as pessoas negras eram muito mais vigilantes porque nós nunca podíamos nos esquecer daquilo que estávamos enfrentando. Vivendo em nossas pequenas vizinhanças negras, com nossas escolas e igrejas, em meio ao racismo, nós tínhamos lugares onde podíamos desfazer muito da insanidade e da destruição psicológicas infligidas pela supremacia branca. Se aquele mundo branco nos dizia que éramos pessoas sujas, feias e que cheirávamos mal, nós nos retirávamos ao conforto de nossas banheiras, de nossos salões de beleza e de nossos perfumes caseiros, lembrando-nos de que "aquela gente branca não sabe de tudo". Nós sabíamos como inventar, como criar mundos para nós, diferentes do mundo onde as pessoas brancas queriam que vivêssemos. Embora houvesse tanta dor e tantas adversidades – e tanta pobreza –, embora a maioria das pessoas negras vivesse com medo, também havia a alegria de viver no interior de comunidades de resistência.

Muito antes de a integração racial modificar fundamentalmente a natureza dessas comunidades, perturbando nossa capacidade de autoafirmação, uma poderosa ferramenta foi posta dentro do nosso mundo exclusivamente negro, que nos ensinaria a internalizar o racismo, que nos ensinaria todo tipo de maneiras de sermos indiferentes entre nós – essa ferramenta foi a televisão. Quando aprendíamos a nos identificar com as imagens do bem e do mal que apareciam na tela, assistindo aos faroestes ou aos filmes do Tarzan, a televisão levava para o interior dos lares das pessoas negras a mensagem de que nós éramos inferiores, uma raça condenada a servir e a morrer para que as pessoas brancas pudessem viver bem. Ainda com essa perigosa inimiga dentro de casa, muitas pessoas negras foram vigilantes o suficiente para resistir. Elas assistiam à televisão com um olhar crítico. Minha mãe e meu pai explicaram a política racial cinematográfica que possibilitou que um homem branco matasse mil indígenas. Mas, de alguma forma, os anos 1960 chegaram com a promessa de que o racismo estava para acabar e muitas pessoas negras começaram a imaginar que não precisavam mais ser vigilantes, que não era mais importante criar uma visão de mundo antagônica que as protegeria do racismo branco internalizado. A antiga e profunda crença de que as pessoas negras sempre deveriam desconfiar dos motivos e intenções das pessoas brancas foi substituída pela retórica do amor, que sugeria que todas as pessoas eram iguais. E ainda que muitas pessoas negras soubessem que não éramos iguais, elas fingiam que sim. Levou um tempo até perceberem que amar as pessoas brancas em uma cultura supremacista branca significava, na verdade, que elas nunca poderiam amar a negritude nem a elas mesmas. Agora, o racismo internalizado parece ter uma maior influência na psique das pessoas negras do que em qualquer outro momento da história.

Infelizmente, tornou-se um clichê óbvio para muitas pessoas apontar para o fato de que o racismo encoraja as crianças negras, e as pessoas negras adultas, a se auto-odiar e a ter uma baixa autoestima. Mas evidenciar o problema nunca parece ser algo que anda de mãos dadas com a busca por soluções. Nem todas as pessoas negras se odeiam, nem a nossa negritude. Viemos de uma longa linhagem de ancestrais que sabiam como curar a psique negra ferida quando ela era agredida por crenças da supremacia branca. Essas poderosas estratégias de sobrevivência foram passadas de geração para geração. Elas existem. E embora seu conhecimento público funcional tenha sido suprimido, nós podemos tirar essa sabedoria antiga dos sótãos empoeirados, dos armários da mente onde aprendemos a esconder nossos fantasmas, e reaprender modos úteis de viver e de pensar.

As pessoas escravizadas certamente entendiam melhor que ninguém que, para amar a negritude em um mundo branco, elas tinham que criar imagens — representações de seu mundo agradáveis às sensibilidades e aos olhos. Então elas fizeram colchas, bonecas e produziram todo tipo de imagens que davam a elas um espelho adorável da negritude onde podiam se olhar e encontrar renovação. O livro *Stitching Memories: African-American Story Quilts* [Costurando memórias: colchas de histórias afro-americanas] traz a imagem de uma antiga colcha de retalhos feita nos anos 1870 e que retrata imagens familiares e afetuosas da vida negra. Essa colcha sempre me pareceu incorporar a forma como a mulher negra sonhava a vida em liberdade. Pois na colcha há várias casinhas. E as pessoas negras, homens e mulheres, aparecem do lado de fora, cuidando das plantas e das árvores. Passaríamos a vida procurando se quiséssemos reunir todas as imagens adoráveis que as pessoas negras escravizadas e recém-libertas criaram para lembrar a si mesmas de sua beleza e dignidade em um mundo onde sua humanidade era diariamente atacada.

É claro, se nós, mulheres negras, desejamos nos dedicar à empreitada da cura coletiva, nós temos que nos dedicar à criação de todos os tipos de imagens e representações que nos apresentem da forma como somos e queremos ser. No interior de uma sociedade patriarcal supremacista branca, é muito difícil encontrar imagens afirmativas da feminilidade negra. Alguns anos atrás, eu fui morar em um lugar onde não conhecia ninguém, então me ocorreu que eu precisava me cercar de imagens afirmativas da mulheridade negra na minha casa para que eu tivesse em meu meio representações de uma comunidade acolhedora. Fiquei chocada com a dificuldade de encontrar representações que não exibissem nossos traços cruelmente distorcidos ou exagerados. Fiquei consternada com a quantidade de imagens que nos retratavam sem olhos, sem nariz ou sem boca. E comecei a me perguntar se essas partes do corpo foram "esquecidas" por representarem as partes mais odiadas e menos apreciadas, pois são elas que nos conduzem ao reino dos sentidos. O problema que encontrei não foi a carência de imagens, mas uma falta de imagens atrativas. Então o que eu fiz? Fui até a casa de uma amiga que estava fazendo umas bonecas negras (ela tinha que tingir os tecidos para produzir cores que fossem condizentes com a variedade de nossos tons de pele), e ela costurou seis bonecas para mim, representando minhas irmãs e eu. Minha tia Ellen costurou uma colcha para mim, e cada retalho trazia uma figura negra feminina. Às bonecas e à colcha, juntei a boneca negra que ganhei ainda pequena (que, é claro, eu havia guardado para a filha que eu sonhava em ter algum dia) e uma série de objetos familiares, passados de geração para geração, de forma que o espírito dessas coisas pudesse me acolher e cuidar de mim nesse lugar novo.

Obviamente, a escassez de imagens afirmativas da feminilidade negra na arte, em revistas e na televisão reflete não apenas a forma como o mundo branco racista nos vê, mas a forma como nos vemos. Não é mistério algum para a maioria das mulheres negras que, internamente, nós temos noções de beleza racistas/sexistas que fazem muitas de nós pensarem que somos feias. Por todo o país, em grupos de apoio como o "Irmãs do inhame", eu vi mulheres negras de beleza impressionante falando da forma como se achavam feias. E a mídia tem nos bombardeado de histórias que contam ao público que as crianças negras (e aqui falamos sobretudo de meninas negras) preferem bonecas brancas a bonecas negras e acham que as crianças brancas são mais limpas e mais agradáveis. A mídia dominada pela branquitude apresenta esse entendimento para nós como se apenas algum defeito da vida negra fosse o responsável pela criação de um comportamento tão aberrante e autodepreciativo, e não a supremacia branca.

Mesmo em meio à supremacia branca, muitas pessoas negras sempre souberam amar umas às outras, amar a nossa negritude, embora algumas entre nós tenham internalizado o pensamento racista. Então, devemos nos perguntar o que está acontecendo agora, quando um número tão pequeno de pessoas negras, em especial as jovens, consegue resistir. Para encontrar respostas, eu acho crucial observarmos a experiência das mulheres negras. Pois se a maioria das crianças negras é criada por mulheres negras, então, com certeza, a forma como nos percebemos, como percebemos a nossa negritude, revela a construção social de nossa identidade individual e coletiva.

Voltando para as imagens de mulheres negras bonitas que se percebem como feias, vamos explorar a origem do autodesprezo. Deixando de lado as formas mais gerais pelas quais o pensamento sexista sobre as mulheres afeta o autoconceito, qualquer análise da forma como muitas mulheres negras aprendem a pensar sobre nossos corpos já na infância mostrará em qual ponto a internalização do pensamento negativo começa.

A primeira questão corporal que afeta a identidade das mulheres negras, ainda mais que a cor, é a textura do cabelo. Há um corpo literário crescente (ensaios de escritoras negras como Pearl Cleage, Lisa Jones, eu mesma etc.) que discute nossa obsessão com o cabelo. Mas quero começar com o básico. Como é que as meninas negras aprendem (mesmo antes de sabermos qualquer coisa sobre o racismo) que nosso cabelo é um problema? O pensamento negativo sobre o nosso cabelo costuma ser expressado em casa por nossa mãe, nosso pai, outras pessoas que cuidam de nós, por irmãos e irmãs. Um pensamento supremacista branco que pareceu dominar a psique negra no século XX foi a suposição de que o cabelo liso era melhor — que era um cabelo "bom". Eu gostaria de sugerir que, à parte da suposição racista de que qualquer atributo da branquitude era melhor que a negritude, as mulheres negras sobrecarregadas de trabalho achavam mais fácil pentear um cabelo alisado todos os dias do que o cabelo em seu estado natural. De forma prática, uma porção de mulheres negras aprendeu a preferir o cabelo alisado, considerá-lo melhor, porque demandava menos tempo. Se considerarmos que essa atitude em relação ao tempo e aos esforços investidos nos cuidados pessoais é uma resposta a condições opressivas/exploradoras (sobrecarga de trabalho), então por que as mulheres negras costumam ter a mesma atitude quando essas condições são inexistentes?

Seria uma outra "estratégia de sobrevivência" trazida para a vida negra contemporânea e que não é mais necessária? Com certeza, sair para trabalhar em um mundo branco que sempre foi ameaçado por pessoas negras que se mostram descolonizadas tem tido um grande impacto naquilo que nós, mulheres negras, escolhemos fazer com o nosso cabelo. Hoje em dia, mais mulheres negras estão afirmando seu direito de escolher penteados naturais (tranças, cachos, torções etc.). Suas escolhas permitem que todas as mulheres negras considerem usar o cabelo natural.

Já crescidas, muitas de nós olhamos para a nossa época de infância, quando nossos cabelos eram penteados e trançados por outras mulheres negras, como um momento de ternura e cuidado, que trazia calma e tranquilidade. Essa dimensão do compartilhamento de cuidado do eu feminino negro é necessária em nossa vida e nós deveríamos aproveitar todas as oportunidades de sentir mãos carinhosas afagando nossos cabelos. Recentemente, em uma oficina com mulheres negras, em que uma das presentes estava tentando decidir se "passaria química" no cabelo dela, comecei a falar sobre as diferentes texturas do cabelo natural, questionando se o cabelo com química era convidativo ao toque. Como em outros grupos de discussão do tipo, as mulheres negras presentes começaram a insistir que não gostavam de ninguém tocando o cabelo delas. Mas, quando incitadas a buscar suas origens, nós descobrimos que essa "aversão" estava enraizada no medo de que o nosso cabelo não seja de fato um aspecto de nosso ser que a maioria de nós relaciona ao prazer corporal. Em um ensaio sobre o cabelo, eu escrevi que muitas mulheres negras veem seu cabelo como um problema ou, como uma mulher negra colocou, um "território a ser conquistado". Para que possamos apreciar o cabelo negro, esses pensamentos negativos têm de ser desaprendidos. E, em parte, nós podemos começar a desaprendê-los falando de forma diferente entre nós sobre nossos cabelos.

Quando nos permitimos experimentar os prazeres sensuais das variadas texturas do cabelo negro (especialmente em seu estado natural), nós desaprendemos algo da socialização negativa com que somos bombardeadas em relação ao nosso cabelo. Apesar da elevada consciência das pessoas negras no que diz respeito à questão do racismo internalizado, a maioria das revistas negras ainda favorece imagens de mulheres negras com cabelos longos e lisos. Geralmente, nos anúncios, a mulher de pele clara é retratada como aquela que possui um companheiro ou que é mais sexualmente atraente. Nas minhas oficinas, sempre há mulheres negras que dizem que gostariam de manter o cabelo natural, mas sempre que o assunto vem à tona, elas recebem uma resposta negativa por parte da família ou de pessoas amigas. E, é claro, as mulheres negras heterossexuais devem muitas vezes ter de superar o medo de que os homens não vão achá-las atraentes se elas não usarem o cabelo liso. Não seria um gesto de autovalorização questionar a possibilidade de que um homem negro que não gosta de cabelos não lisos possa ter suas próprias questões de autoestima, e que isso pode ser uma indicação de que uma irmã que se interessa por esse homem deve procurar afirmação em outro lugar?

Quando aceitamos que, para as mulheres negras, se trata de uma expressão de autovalorização e autocuidado escolher usar cabelos naturais em uma sociedade que não afirma a nossa beleza, nós aprendemos a apreciar mais as pessoas que podem apoiar nossas escolhas. Algumas semanas atrás, eu estava em um aeroporto e um homem negro veio até mim, apontou para o meu cabelo crespo natural e disse: "Gostei do seu cabelo. Muito bonito". E fiquei chocada ao pensar que, com quase quarenta anos, aquela tinha sido talvez a primeira vez que recebi alguma afirmação positiva, em um lugar público, por meu cabelo natural e desregrado. Sou mais acostumada a ouvir comentários como: "Você ficaria bonita se fizesse alguma coisa com esse seu cabelo". Uma vez que as mulheres negras aprenderam, já na infância, a associar o momento em que penteavam nosso cabelo a um processo doloroso e negativo, nós temos que praticar o pensamento positivo em relação ao tempo que passamos cuidando do nosso cabelo. Temos que aprender a apreciar o processo.

Em grupos com mulheres negras nos quais falamos sobre os nossos corpos, fica evidente que muitas de nós fomos criadas em ambientes domésticos em que fomos ensinadas que era um sinal de vaidade (ainda mais em lares religiosos) nos preocuparmos "demais" com os cuidados com o nosso corpo. Aquelas entre nós que vieram de famílias grandes desprovidas de privilégios materiais, com apenas um banheiro em casa, com o alto custo da água e de todos os produtos relacionados aos cuidados com o corpo, certamente fomos ensinadas a sentir que o nosso cuidado com o eu deveria ter uma abordagem utilitária. Agora, vivendo como vivemos em uma sociedade racista/sexista que tem, desde a escravidão, perpetuado a crença de que o papel principal que as mulheres negras deveriam desempenhar nesta sociedade é o papel daquela que serve, o que se segue logicamente é que muitas de nós internalizamos a suposição de que nós, e nosso corpo, não precisamos de cuidado, nem da nossa parte nem da parte de outras pessoas. Essa suposição é continuamente reforçada em nosso cotidiano. O autocuidado começa com a nossa capacidade de cuidar do corpo com ternura e amor. Nós, mulheres negras, costumamos negligenciar nosso corpo.

Quando eu sugeri pela primeira vez para um grupo de

mulheres negras que era importante para nós sermos capazes de ficar nuas diante de um espelho e olhar para o nosso corpo, expressar nosso cuidado com ele e nosso reconhecimento de sua beleza, muitas delas pensaram que isso era uma bobagem. Ainda assim, é uma bobagem que as mulheres negras formem o grupo mais obeso desta sociedade, que mais da metade das mulheres que sofrem de Aids sejam negras, que essa ou aquela doença que mais nos afligem (diabetes, hipertensão, doenças do coração e câncer) sejam relacionadas à dieta, à saúde básica de nosso sistema imunológico? Louise Hay, em *Você pode curar sua vida* e em *The Aids Book* [A vida em perigo], demonstra a relação entre os autocuidados básicos e nosso bem-estar geral. Uma vez que muitas mulheres negras (eu inclusive) nos permitimos ir além de nossos limites — trabalhando, atendendo às necessidades de outras pessoas —, nós geralmente não tiramos um tempo para nos cuidar. E aquelas entre nós que foram socializadas desde a infância para sentir que o "poder pessoal" das mulheres negras só existe por meio do ato de servir a outras pessoas podem ter maiores dificuldades para aprender a ver que o poder pessoal começa, de fato, com o autocuidado.

Nos últimos anos da minha vida, tenho trabalhado demais — lecionando, escrevendo, viajando para dar palestras, aplicando uma "psicanálise caseira" em mim mesma e em outras pessoas. Quando passei a olhar criticamente para a forma como eu estava tratando o meu corpo e a minha saúde, decidi fazer algumas mudanças. Foi de grande ajuda ouvir de pessoas amigas: "Mas você não estava mal e exausta quando eu te vi nessa mesma época ano passado?". No entanto, quando tentei me afastar das minhas obrigações, muitas vezes dizendo claramente às pessoas que eu precisava cuidar de mim e da minha saúde, percebi que as pessoas respondiam com hostilidade e raiva. Tive a percepção de que se as pessoas nesta sociedade são socializadas, pelo racismo e pelo sexismo, a considerar que as mulheres negras existem para "servir", é comum que elas sintam que nós deveríamos continuar a servir, ainda que doentes, exaustas ou mesmo à beira da morte. Minha mãe internalizou por completo a noção de que o valor dela é totalmente ligado à sua capacidade de servir a outras pessoas. E ainda com a saúde sempre debilitada, ela continua. Minhas irmãs e eu expressamos nossa indignação diante da indisposição dela de fazer do autocuidado e de seu bem-estar seu principal compromisso na vida. E embora sejamos mulheres adultas que nos esforçamos para desaprender o que eu chamo de "síndrome de mártir da mulher negra", ainda há a criança em nós que deseja ver nossa mãe mudando, de forma que possamos sentir que tudo bem se fizermos essas mudanças, que temos a aprovação dela.

Quando uma das minhas irmãs, que tem um marido e uma família, começou a incluir o "autocuidado" em sua agenda, suas mudanças foram recebidas com raiva e hostilidade familiares. Considerando que era uma prática dela sair correndo do trabalho para casa e, sem nem fazer uma pausa para descansar, já começar a atender às demandas de todo mundo, em particular o preparo de refeições, não surpreende que foi um choque para o sistema familiar quando ela passou a sugerir que não apenas seria de grande ajuda para ela se as pessoas preparassem sua própria comida, mas as crianças também aprenderiam uma noção de autonomia e poderiam perceber sua capacidade de cuidar de suas necessidades básicas. As respostas hostis à sua tentativa de modificar padrões são chamadas, por Harriet Lerner em *The Dance of Anger* [A dança da raiva], de "contra-ataques" ou comportamento "reversivo": "Os contra-ataques são tentativas inconscientes por parte da outra pessoa de restaurar uma relação à sua estabilidade ou equilíbrio anterior, quando a ansiedade de separação e de mudança se eleva demais". O livro de Lerner sugere formas construtivas de lidar com a mudança de padrões de vida em relações íntimas.

Comer demais ou comer o tipo errado de comida é uma das principais formas pelas quais nós, mulheres negras, abusamos de nosso corpo. Livros feministas que tratam sobre a questão da obesidade falam muito pouco sobre o corpo das mulheres negras, embora *Shadow on a Tightrope* [Sombra na corda bamba] aborde alguns aspectos da realidade social da mulher negra. As mulheres negras precisam escrever mais sobre as nossas questões com a alimentação. Conforme observei anteriormente, nós costumamos usar a comida como fonte de consolação e conforto, para nos dar o prazer que podemos não experimentar em outras áreas da vida. Em parte, nós não podemos começar a cuidar da questão do peso até começarmos a cuidar do corpo de uma forma mais geral. Se não focarmos nossa preocupação com o peso corporal abordando, primeiro, o corpo negro feminino com respeito e cuidado, nós podemos escolher formas de lidar com o peso que, em última análise, se mostrarão destrutivas. Em uma cultura sexista, que continua a condicionar as mulheres a adorarem a figura feminina magra, mulheres cujos corpos fogem a esse padrão devem ir contra as normas da cultura para desenvolver uma estima corporal positiva. No caso das mulheres negras, que também devem enfrentar os estereótipos racistas que nos desvalorizam, a resistência deve ser ainda maior.

É difícil se sentir bem com o próprio corpo quando a maioria das roupas disponíveis para as mulheres é criada sem o corpo das mulheres negras em mente. Escolher roupas que pareçam atraentes em nossos corpos é outra questão crucial para as mulheres negras. O mundo da moda é tão alimentado por suposições racistas/sexistas em relação à beleza quanto qualquer outro aspecto da vida contemporânea. Embora haja mais imagens de mulheres negras em revistas de moda do que antes, resta o fato de que os corpos dessas mulheres raramente se assemelham de qualquer forma aos corpos da maioria das mulheres negras. Ao mesmo tempo, roupas pensadas para figuras magérrimas raramente caem bem em corpos maiores. Muitas mulheres negras são grandes. E muitas mulheres negras grandes são forçadas pela economia da moda (roupas de tamanhos maiores costumam ser vendidas em lojas especializadas e custam mais) a fazer seu corpo caber em roupas pequenas demais. O recente interesse da moda por roupas "étnicas" (modas importadas de países do Terceiro Mundo, lugares onde o corpo não é percebido apenas como um corpo magro) torna mais possível para mulheres grandes encontrarem roupas bonitas que atendam seu tamanho e suas formas. As roupas feitas para mulheres grandes também costumam ser mais conservadoras e matronais. Isso causa problemas para mulheres negras jovens e grandes. Uma resposta criativa para isso é criarmos roupas que atendam às necessidades dos corpos negros. Isso está acontecendo agora por todo o país. Essas roupas podem ser encontradas em negócios tocados por pessoas negras e também são vendidas na rua em áreas urbanas. Quando as roupas são feitas tendo em mente as mulheres negras grandes, elas podem se vestir de forma afirmativa e atraente. Isso aumenta a autoestima corporal.

Outra área relacionada ao corpo negro feminino que recebe pouca ou nenhuma atenção, mas que costuma indicar o grau de autoestima corporal, é a dos pés. Estudos recentes sobre as mulheres e os calçados revelam que a maioria das mulheres nesta sociedade enfia os pés em sapatos que são pelo menos um número menor que o número delas. Muitas mulheres negras têm pés grandes e, mais uma vez, têm dificuldade de encontrar sapatos a preços razoáveis. Ainda assim, mesmo as mulheres negras entre nós que usam tamanhos regulares também abusam dos pés enfiando-os em sapatos desconfortáveis ou pequenos demais. Uma vez que muitas mulheres negras aprenderam que não é tão "ruim" ter os pés doloridos ou, ainda, que essa é a norma, esse pensamento tem de ser desaprendido se desejamos reconhecer que a felicidade e o conforto dos pés no dia a dia são cruciais para o bem-estar. Podemos começar a desaprender isso ao prestar atenção em nossos pés.

Pegue uma semana de sua vida e mantenha um bloco de anotações dos pés. Seus sapatos são confortáveis? Como seus pés estão no fim do dia? Com que frequência você faz uma lavagem ou uma massagem especial neles? Você usa sempre os mesmos sapatos? As respostas para essas perguntas podem indicar áreas onde as mudanças são necessárias. Muitas vezes as mulheres negras compram sapatos malfeitos e mais baratos que não são realmente confortáveis quando poderíamos comprar um par de sapatos bem confeccionados e confortáveis. E uma vez que muitas de nós calçamos tamanhos irregulares, precisamos saber que sempre podemos ter um par de sapatos feitos especialmente para os nossos pés. Essa também é uma dimensão do autocuidado.

Também não podemos falar de fato sobre a autoestima corporal da mulher negra sem falar sobre a política do tom de pele, sobre a forma como o racismo internalizado encoraja e promove o auto-ódio e/ou a auto-obsessão. Uma mulher negra de pele clara que se sinta adorável e desejável por causa da cor de sua pele pode depender tanto das aparências para negociar sua existência cotidiana que ela não irá desenvolver outras áreas da vida, como uma personalidade fundamentada ou habilidades intelectuais. Ela pode se tornar tão obcecada pela afirmação constante de sua "beleza" que pode chegar a não aprender nenhuma habilidade que lhe permita se autoatualizar plenamente. Ao mesmo tempo, mulheres negras de pele mais escura que internalizam a suposição de que a pele escura é feia e se agridem constantemente por meio de respostas negativas internas também não podem se autoatualizar de forma plena.

Isso é trágico. Sem dúvida, as mulheres negras retintas sofrem mais abusos quando as pessoas negras internalizam noções supremacistas brancas de beleza. Perguntei a belas irmãs retintas o que elas acham que as possibilita resistir à socialização que pretende fazê-las se sentir feias. Todas falaram sobre a necessidade de passar por um estágio em que tiveram que desaprender velhas formas negativas de pensar sobre si mesmas e aprender a ser positivas. Elas falaram sobre a necessidade de se cercar de pessoas amigas e camaradas que afirmam a aparência delas, mas também de imagens e outras representações. Para muitas mulheres negras, Tracy Chapman é um ícone importante da cultura pop, não apenas por sua música intensa e cativante, mas porque ela abriu novos caminhos ao representar uma estética da beleza negra raramente retratada de forma positiva nesta sociedade. Ver a imagem dela em capas de discos, painéis publicitários e revistas afirma o fato de que não precisamos ter a pele clara, o cabelo liso e o nariz fino para sermos consideradas bonitas.

Não há mistério para explicar por que, depois de todos esses anos de resistência negra ao racismo branco, a política do tom de pele continua a atuar como uma força negativa em nossa vida. O pensamento supremacista branco sobre a cor é tão incorporado a cada aspecto da vida contemporânea que nós somos diariamente bombardeadas pela mídia de massa com imagens que sugerem que a negritude não é linda. Quando vi imagens de Naomi Campbell pela primeira vez anos atrás, eu fiquei emocionada. Foi tão animador ver aquela irmã tão bonita com os lábios cheios e penteados naturais nas revistas de moda. Ver a imagem dela foi empoderador. Mas quando eu a vejo agora, geralmente usando uma longa peruca loira, ou alguma outra bobagem, me ressinto dessa distorção da imagem dela.

Representações negativas são fundamentalmente incapacitantes. Nós sabemos que as crianças negras têm uma dificuldade tremenda de se sentir bem em relação à aparência delas. Considere, por exemplo, a mãe negra que me procurou depois de ouvir uma palestra minha sobre a identidade negra para dizer que ela estava tendo problemas com uma menininha negra que voltou da escola e pôs um esfregão amarelo por cima do cabelo para fingir que ela era loira e tinha cachos adoráveis. A mãe disse: "Nós afirmamos a negritude em casa. Temos imagens artísticas positivas. Fazemos comentários positivos sobre a beleza negra. Mas ela ainda pensa que só uma pele branca e um cabelo comprido são bonitos". Olhando para a mãe, eu vi que ela tinha a pele escura e o cabelo alisado. O cabelo negro alisado nem sempre é um indicador de baixa autoestima. Ainda assim, não há escapatória da realidade de que, em uma cultura supremacista branca, na qual todos os aspectos da negritude são desvalorizados, o cabelo alisado permanece como um sinal que sugere que uma pessoa optou por um penteado que pode reforçar a noção de que o cabelo liso é melhor. Não importa como eu me sinto em relação a mim mesma; quando crianças pequenas me veem usando o cabelo liso em um contexto em que elas aprenderam, com as bonecas, com a televisão ou com colegas, que o cabelo crespo é um "problema", minha aparência reforça, aos olhos delas, a ideia de que o cabelo liso é melhor e mais bonito. Encorajei a mãe negra que desejava saber como ela poderia melhorar a autoestima da filha a tomar um tempo para analisar de forma sincera suas próprias atitudes profundamente estabelecidas em relação ao tom da pele e à textura do cabelo, a fim de verificar a possibilidade de ela estar transmitindo mensagens negativas para a criança pela forma como ela construía sua própria imagem corporal.

Realmente não importa com quantas imagens positivas da negritude nos cerquemos se lá no fundo continuamos a nos sentir mal em relação à pele escura e ao cabelo crespo. Nesse caso, percebi que a mãe poderia intervir na situação, primeiro, certificando-se de que seus próprios gestos corporais eram autoafirmativos. Então sugeri que era importante entender se a filha dela tinha ou não acesso a brinquedos e livros com imagens diversas e afirmativas de crianças negras. Eu a encorajei a examinar criticamente a política racial da escola de sua filha para descobrir até que ponto era um ambiente que afirmava a negritude. Mães e pais negros costumam mandar as crianças para ambientes escolares predominantemente brancos para então expressar surpresa quando a identidade negra de sua criança não é plenamente afirmada. Mas um contexto desses só pode ser afirmativo se for um ambiente não racista. Por fim, encorajei aquela mãe a ouvir cuidadosamente os comentários que o marido dela e outros homens faziam sobre a beleza feminina, bem como outras mulheres negras que eram figuras de autoridade. Quando uma criança adora uma pessoa adulta que faz certos pronunciamentos sobre a beleza, isso pode causar um impacto maior na consciência da criança do que os comentários vindos de pessoas que não importam tanto para elas.

Uma amiga retinta muito bonita compartilhou recentemente comigo que, ainda que ela tenha crescido em uma casa onde as pessoas "falavam que negro é lindo e tal", sempre que o pai dela ou os irmãos expressavam qualquer opinião sobre a beleza de uma mulher, eles escolhiam uma mulher branca ou de pele clara. E ainda que sempre dissessem que ela era bonita, minha amiga nunca acreditava neles. Ela se lembra das várias vezes que eles afirmaram (algo que todas nós já ouvimos de pessoas que sofrem de racismo internalizado): "Ela é bonita, mesmo sendo tão escura".

Penso que a maioria das pessoas negras sabe o tipo de mudanças que devem ter lugar se queremos desaprender coletivamente o auto-ódio racista em direção ao nosso corpo, mas ainda assim nós costumamos não praticar o que sabemos. Esse é o desafio que se apresenta para nós. Quantas mulheres negras aproveitam a oportunidade diária de dizer ou fazer algo em relação à outra mulher negra ou homem negro com o objetivo de afirmar a negritude e subverter as formas racistas de ver o corpo negro? Se o racismo internalizado penetra a alma das pessoas negras no decorrer de anos de socialização, então nós não vamos nos livrar dele simplesmente dando expressões superficiais à noção de que a negritude é linda. Nós devemos viver em nossos corpos de forma a indicar diariamente que a negritude é linda. Devemos falar da negritude de outra forma. E não podemos empreender essa ação construtiva sem primeiro amar a negritude.

Para nos amarmos e a nossa negritude, nós devemos ser constantemente vigilantes, trabalhando para resistir ao pensamento supremacista branco e ao racismo internalizado. Para algumas de nós, isso significa reduzir as horas que passamos assistindo à televisão para que não sejamos submetidas às formas de socialização subliminar que moldam nossa visão de mundo. Isso significa buscar pessoas negras descolonizadas que, pela forma como vivem e trabalham, demonstram seu amor pela negritude, seu autocuidado. Nosso amor pela negritude é fortalecido por sua presença. Isso significa cultivar pessoas aliadas não negras que têm trabalhado para desaprender seu racismo. A estima corporal das mulheres negras é fortalecida por uma boa alimentação, exercícios e pensamentos positivos que afirmam que nós merecemos estar bem — que nossos corpos são preciosos.

7

ENFRENTANDO E SENTINDO A PERDA

> *Vivendo uma vida autoconsciente, sob a pressão do tempo, eu trabalho com a consciência da morte em meu ombro, não de forma constante, mas o suficiente para deixar uma marca sobre todas as decisões e ações que tomo na vida. E não importa se essa morte vem na próxima semana ou daqui a trinta anos, essa consciência dá uma outra amplitude para a minha vida. Me ajuda a moldar as palavras que eu falo, a forma como amo, minha política de ação, a força da minha visão e do meu propósito, a profundidade da minha apreciação pela vida.*
>
> **Audre Lorde,** *The Cancer Journals*
> [Diários do câncer]

Alguns anos atrás eu decidi escrever um livro sobre os modos afro-americanos de morrer. Escolhi chamá-lo de *When I Die Tomorrow* [Quando eu morrer amanhã]. O título vem de um hino religioso antigo, cantado nestes tempos contemporâneos pelo Sweet Honey in the Rock, um grupo musical formado por mulheres negras. A letra dessa canção que eu amo ouvir exclama: "Quando eu morrer amanhã, vou dizer ao Senhor: Oh, Senhor, foste meu amigo. Te agradeço, Senhor, foste meu amigo"*.

---

* No original: *When I die tomorrow, I will say to the Lord, 'Oh Lord you been my friend. Thank you Lord you been my friend.* [N. T.]

Eu comecei a pensar e a escrever sobre os modos afro-americanos tradicionais de morrer quando saí de casa e fui para a faculdade. Ficou evidente que essa nova vida que eu estava vivendo não me ensinaria nada sobre a morte e o morrer. Nela eu nunca estaria ao lado de alguém à beira da morte nem veria a morte deitada imóvel em um quarto cercada de atenção. E nessa vida eu não estaria na casa das pessoas para ouvi-las falando sobre quem morreu, como morreu e quando seria o enterro. Embora nesse mundo burguês onde entrei as pessoas estivessem morrendo, a morte era sempre um caso sigiloso. As pessoas não voltavam do enterro e falavam sobre a pessoa morta lá deitada — sobre a aparência delas, suas roupas, se o velório foi comovente. A morte era uma realidade oculta, um tabu. Essa distância da morte e do morrer, ao que parecia, fazia uma profunda diferença na forma como as pessoas viviam e tratavam umas às outras.

Quando li pela primeira vez *Sobre a morte e o morrer*, de Elisabeth Kübler-Ross, eu pensei que não estava aprendendo nada ali que eu não tivesse aprendido "lá em casa", observando a forma como as pessoas do Sul lidavam com a morte e o morrer. Eu fui criada aprendendo a respeitar a realidade do morrer, e não a ignorá-lo ou tratá-lo com desimportância. Minha mãe costumava nos dizer que "ninguém sabe sua hora", nos ensinando a viver aqui e agora. Ao mesmo tempo, nós aprendemos que não havia nada a temer na morte. Muitas das músicas que cantávamos na igreja celebravam a morte e o morrer como um estado transicional, que transportava a pessoa de um reino do ser para outro. No mundo tradicional da cultura popular negra, a morte era um tempo de luto e de júbilo. Não havia nenhuma tentativa de mascarar o luto nem de fingir que perder uma pessoa amiga ou amada não era motivo de angústia e de dor. A morte era um dos raros momentos em que era socialmente aceito que as pessoas liberassem suas emoções, que desmoronassem e se rendessem à sua dor. Essas abordagens saudáveis da morte e do morrer possibilitaram que as pessoas negras enfrentassem e lidassem com a perda.

Uma vez que não há muitos escritos sobre a morte e o morrer na experiência negra, nós podemos nos voltar para a ficção e captar um vislumbre desses hábitos de vida. No romance *A canção de Solomon*, de Toni Morrison, o enterro de Hagar é um momento tanto de luto quanto de júbilo. Mãe e avó vão chorar a morte da "criança" delas. A angústia que Reba e Pilate sentem é expressa por seu lamentoso grito de "piedade". As pessoas enlutadas aceitam esse convite para reconhecer sua dor na forma de chamado e resposta. Quando Pilate grita "piedade", as pessoas, juntas, respondem: "Eu te ouço". Elas cantam esta canção:

> Ao anoitecer.
> Piedade.
> Pela manhã.
> Piedade.
> Ao lado da cama.
> Piedade.
> De joelhos agora.
> Piedade. Piedade. Piedade. Piedade.

Depois de reconhecerem uma dor profunda, depois de seu luto, as pessoas celebram todas as alegrias que Hagar lhes trazia, o amor que sentiam por ela, e essa é a mensagem final que compartilham: "Ela era amada".

Aprender a expressar e aceitar o luto foi absolutamente essencial para as pessoas negras viverem em meio a um profundo apartheid racial. Carentes de cuidados médicos adequados, com sua entrada negada em hospitais segregados, as pessoas negras não podiam se distanciar da morte. Embora eu tenha crescido no tipo de mundo negro onde as pessoas realmente pareciam viver muito (era como se a morte não existisse), mesmo nesse mundo a longevidade servia como um lembrete constante de que a morte podia chegar a qualquer momento, que as pessoas tinham de estar prontas. Nós cantávamos canções que nos lembravam: "Vamos, crianças. Vamos, crianças. Alguém me chama. Ah, meu Senhor. Ah, meu Senhor, o que farei? Logo, em uma manhã, a morte entrará no meu quarto. Logo, em uma manhã, a morte entrará no meu quarto. Ah, meu Senhor. Ah, meu Senhor, o que farei?"* .Vivíamos sabendo que a morte estava entre nós. E éramos pessoas que aprendiam a gostar de viver bem, de forma que poderíamos encontrar a morte prontas para ir.

Naquela época, era costume das pessoas que estavam morrendo reunir entes queridos, se reconciliar, compartilhar mensagens de despedida. E as pessoas sabiam que mesmo depois de a vida ter deixado o corpo, nós ainda podíamos nos sentar ao lado da pessoa falecida e deixá-la sentir nossa presença, nosso amor e consideração. A tradicional "vigília" segue como um ritual que mantém vivas as crenças antigas de que o cuidado deve continuar mesmo depois que o corpo morre. Muitas pessoas negras sulistas mantiveram a crença de que o ser humano possui corpo, alma e espírito — que a morte pode levar uma parte, mas as outras permanecem.

---

* Trecho do *spiritual* "Somebody's Calling My Name", composto por Wendell P. Whalum. No original: *Hush, children. Hush, children. Somebody's calling my name. Oh, my Lord. Oh, my Lordy, what shall I do? Soon one morn, death is gonna creep into my room. Soon one morn, death is gonna creep into my room. Oh my Lord. Oh, my Lordy, what shall I do?* [N. T.]

No estudo de Patricia Jones-Jackson sobre as Sea Islands, *When Roots Die* [Quando as raízes morrem], ela discute esse conceito de um eu tripartido, compartilhando as palavras de um homem muito religioso: "Ouça bem agora: quando você morre nesse mundo, veja, a... a... a... alma do homem volta para o Reino de Deus, mas seu espírito continua aqui na terra". Jackson relata que "os espíritos das pessoas ancestrais são considerados como a ligação mais próxima entre os espíritos do 'outro' mundo. Assim, nas Sea Islands, como na África, os espíritos são procurados para intervir em favor de uma pessoa ainda viva da família". O que ela descreve são alguns dos segredos de cura que as pessoas negras tradicionais mantêm vivos e utilizam em um processo de cura que pode ser considerado "psicanalítico". O propósito era compreender os mistérios complexos do cotidiano e criar formas de intervir e melhorar a saúde e o bem-estar.

Eu chamo a atenção para os antigos modos afro-americanos de morrer porque eles são um rico legado que podemos trazer para o presente. Algumas entre nós nunca abrimos mão dessas práticas culturais porque fomos ensinadas que "um corpo que sabe morrer bem, saberá viver bem". Em nosso processo de autorrecuperação, nós, mulheres negras, devemos aprender a encarar a morte e o morrer de uma forma que nos permita restaurar e renovar nosso espírito. Nós podemos aprender com os velhos modos. Vivendo como vivemos em comunidades onde somos alienadas do mundo da morte e do morrer, onde os momentos de luto e de dor não são vistos como experiências de crescimento, nós costumamos ser vencidas quando enfrentamos a morte. Em seu ensaio "Speaking of Grief: Today I Feel Real Low, I Hope You Understand" [Falando sobre o luto: não estou bem hoje, espero que entenda], publicado no *The Black Women's Health Book*, Bridgett Davis compartilha seu entendimento após ela mesma ter confrontado o luto depois das trágicas mortes de vários membros de sua família:

> Eu acredito que, em um nível mais profundo, as mulheres negras são acostumadas com a tragédia. Nós esperamos por ela. A morte não é uma estranha em nossa vida, em nossos mundos. Nós perdemos nossos pais para a hipertensão e para o infarto, perdemos nossos irmãos para a frente de batalha nas guerras do país, perdemos nossos maridos e companheiros para o crime dentro de nossas comunidades ou para a violência policial, perdemos nossos filhos para as ruas dominadas pelas drogas ou para as prisões ao norte do estado. E tudo isso enquanto lidamos com o estresse e o fardo de tudo o que é a vida negra nos Estados Unidos: crianças parindo crianças, guetos desumanizantes, escolas inferiores, salários baixos, racismo no trabalho [...] a morte lenta, mas contínua, do nosso povo. Nós somos acostumadas com a dor.

Sermos "acostumadas com a dor" não significa que saberemos processá-la de forma a não sermos vencidas ou destruídas pelo luto. Como muitas pessoas negras que encaram a morte de frente em contextos urbanos, Davis lutou no isolamento. Só o ritmo da vida nas cidades já praticamente impossibilita o luto prolongado construtivo em um contexto comunitário.

Quando, umas com as outras, compartilhamos formas de processar a dor e o luto, nós, mulheres negras, desafiamos os velhos mitos que nos fariam reprimir nossos sentimentos para parecermos "fortes". E isso é importante, pois o luto reprimido pode irromper em doenças. Jeffers nos lembra em *Feel the Fear and Do It Anyway* que "o reconhecimento da dor é muito importante; a negação é mortal". Jeffers descreve o caso de uma mulher que desenvolveu epilepsia após a morte do filho e que se abriu para o luto nove anos depois, quando viu sua saúde melhorar miraculosamente. A autora compartilha: "A dor pode ser incrivelmente destrutiva se mantida submersa [...] a dor não reconhecida destrói de forma sutil a vida de muitas pessoas". Nós, mulheres negras, devemos nos perguntar individualmente: "Onde em nossa vida nós temos espaço para reconhecer nossa dor e expressar o luto?". Se não podemos identificar esses espaços, então precisamos criá-los.

Iniciar um grupo de apoio pode ser de grande ajuda. Vamos imaginar que D. está sofrendo por um luto reprimido que ela sente pela morte inesperada de sua mãe. Para quem a observa de fora, parece que ela já aceitou essa perda. Na verdade, D. pensa na mãe diariamente e sente lá no fundo que a vida dela, de alguma forma, acabou. Se D. ou alguma pessoa próxima a ela reunisse pessoas amigas ou conhecidas que pudessem estar lidando com o luto em sua vida e começasse um grupo de apoio concentrado na perda, esse grupo seria, em potencial, um espaço para a cura. Se D. continua a reprimir seus sentimentos, sempre escondendo o fato de que ela sente que sua vida terminou, ela pode entrar em um estado prolongado de depressão autodestrutiva.

Não há muitas pesquisas sobre a presença da depressão na vida das mulheres negras. Como a depressão nos afeta? O que podemos fazer sobre a depressão? Em *Love, Medicine and Miracles* [Amor, medicina e milagres], Bernie Siegel faz uma conexão entre a depressão e uma queda em nosso sistema imunológico que leva ao adoecimento:

A depressão, conforme definida por pessoas da Psicologia, geralmente envolve o abandono ou a desistência. Sentindo que as condições atuais e as possibilidades futuras são intoleráveis, a pessoa depressiva "entra em greve" na vida, fazendo cada vez menos e perdendo o interesse pelas pessoas, pelo trabalho, por seus hobbies e assim por diante. Esse tipo de depressão tem um forte vínculo com o câncer.

Embora as mulheres negras depressivas possam se isolar completamente na vida privada, no reino público, nós costumamos oferecer a máscara da "normalidade", mesmo quando sabemos que estamos sofrendo de uma "tristeza" que põe nossa vida em risco. Muitas de nós sofremos períodos de depressão suicida que ninguém nem chega a notar.

Na vida negra, o suicídio, como muitas outras enfermidades e comportamentos relacionados ao reino da crise psicológica, tende a ser visto como um gesto próprio de uma pessoa "fraca". Por anos, muitas pessoas negras perpetuaram e acreditaram no mito de que nós não cometemos suicídio. Esse mito foi brutalmente destruído pela evidência esmagadora de que nós, pessoas negras — mulheres, homens e crianças —, estamos nos matando diariamente. No entanto, em um contexto em que o suicídio ainda é visto como um sinal de fraqueza, como uma falha de caráter, é difícil para as pessoas "confessarem" estados e sentimentos suicidas.

Há pouco mais de um ano, eu estava passando por um processo de efetivação na faculdade onde trabalho. Ser "julgada" por colegas foi um processo que me causou grande ansiedade. Tive muitas lembranças da infância, de ser negativamente julgada na minha família. Nessa época, eu me afastei das pessoas da faculdade. E, como costuma ser o caso quando as pessoas se avaliam, essa distância foi mais confortável para mim e para elas. Uma vez confirmado que não haveria nenhum problema com a decisão de efetivação, eu me senti silenciada. Eu senti que não podia transmitir a ninguém as tensões e os terrores que estar nessa posição evocavam em mim. E uma vez que eu tinha sentimentos ambíguos em relação ao meu trabalho, eu também não sabia muito bem o que ser efetivada significaria. Eu senti medo de ficar presa em um emprego confortável, em uma vida confortável que não era realmente boa para mim.

Nessa época, e mesmo depois de o processo ter se completado com sucesso, eu tive graves períodos de depressão e costumava ter pensamentos suicidas. Então, eu pensava que me matar seria algo como todos os outros suicídios de profissionais negras bem-sucedidas — as pessoas que me conheciam diriam que eu parecia muito bem, que não sabiam que eu estava passando por dificuldades. Para a minha sorte, minha irmã V., que é minha amiga, camarada e terapeuta, foi alguém com quem eu pude compartilhar meus sentimentos. Fui passar um mês na casa dela para "relaxar" e fazer o que eu chamo de "psicanálise caseira". Juntas, nós analisamos as mensagens que recebemos na infância e que poderiam estar dificultando minha aceitação do "sucesso". Ela me passou um exercício que ajudou muito (e que ela tinha aprendido em um livro de autoajuda). Eu tinha que descrever em dois parágrafos como gostaria que minha vida estivesse daqui a dez anos. Levei semanas para escrevê-los, mas aqueles dois parágrafos me mostraram que eu tinha mais "controle" sobre o que eu queria do que havia pensado. Essa experiência afirmou para mim a importância de não reprimir sentimentos suicidas.

Como outras profissionais negras que moram sozinhas e trabalham em ambientes predominantemente brancos, eu me sinto muito perturbada sempre que uma irmã/camarada em uma situação parecida comete suicídio. Foi assim que eu me senti quando Leanita McClain, uma jornalista de Chicago, se matou aos 32 anos de idade. Em um longo artigo sobre McClain, "To Be Black, Gifted, and Alone" [Ser negra, talentosa e sozinha], a escritora negra Bebe Moore Campbell apresentou estas explicações:

> Conforme os desejos pessoais dela lhe escapavam e os valores de seu velho e de seu novo mundo colidiam, pessoas amigas mais próximas testemunhavam períodos de choro histérico, um silêncio taciturno e uma depressão crescente. Ela começou a estocar o potente antidepressivo amitriptilina que lhe havia sido prescrito. Por tudo o que acompanhava seu sucesso profissional, McClain estava desesperada como qualquer menina do gueto. Na noite em que teria sido seu décimo aniversário de casamento, McClain ingeriu uma alta dose de amitriptilina e deixou seus dois mundos para trás.

Lendo todo o material que pude encontrar sobre McClain, tanto escritos dela como comentários sobre ela feitos por outras pessoas, fiquei furiosa com a análise simplista que costumava ser apresentada para explicar sua morte e a tácita aceitação de seu destino, implicando sutilmente que a morte dela era inevitável. Algumas pessoas sugeriram que a solidão (não ter um homem), o estresse no trabalho e o isolamento foram todos os motivos por trás do suicídio dela. E embora esses motivos óbvios façam sentido, não houve tentativa alguma, em nenhum material que li, de olhar para a infância dela e fazer conexões entre essa experiência e sua vida adulta. *A Foot in Each World* [Um pé em cada mundo], uma coletânea de seus escritos publicada depois de sua morte, foi apresentada por seu ex-marido e colega, que testemunhou que "ela costumava lamentar para mim e outras pessoas próximas que a vida, para ela, não tinha mais tanto sentido". Obviamente, muita gente sabia que McClain estava passando por uma crise. Eu não paro de me perguntar por que não houve nenhuma intervenção afirmativa e significativa. Seria possível que, dentro do contexto do patriarcado capitalista supremacista branco, a "dor" de McClain fosse tomada por certa? Que algumas pessoas possam ter percebido e aceitado inconscientemente essa dor como uma "punição merecida" que uma mulher negra recebe quando ultrapassa fronteiras estabelecidas e se distingue além de todas as possibilidades? Onde estava o círculo de amor que poderia tê-la acolhido e abraçado quando ela se viu cercada de suas mágoas e dores internas? Por que não houve um lugar de cura?

Recentemente, após ouvir a respeito de uma outra mulher negra cuja morte foi declarada como suicídio, voltei a pensar sobre a ausência de um círculo de amor, sobre a falta de um lugar de cura. Muitas das mesmas razões atribuídas ao suicídio de McClain foram evocadas nesse caso. Eu pensei: bem, se eu tivesse me matado dois anos atrás, as pessoas diriam a mesma merda: "Ela não tinha um homem. Era sozinha. Estava com problemas no trabalho". Eu podia ouvir as pessoas desenterrando fofocas sobre casos aqui e ali que não deram certo. E creio que nenhuma dessas questões, não importa o quão reais sejam na minha vida, seriam explicações corretas ou adequadas. A "depressão" que eu sentia era causada pela minha necessidade de ser criativamente desafiada na vida. Tendo alcançado um ponto em que eu havia realizado com sucesso muitos de meus objetivos desejados, estava experimentando um "vazio" ao mesmo tempo que me submetia a um tipo de autoanálise crítica que despertou uma crise de significado. Para mim, era chegada a hora de revisar a minha vida e traçar jornadas novas e diferentes. Penso que seja muito difícil para as mulheres negras (e para os homens negros) bem-sucedidas dar as costas para suas realizações, para posições de alto *status* e visibilidade que possam não mais atender às suas necessidades de crescimento.

O que teria acontecido se McClain tivesse dito para as pessoas que, apesar de todo o seu sucesso, ela realmente precisava mudar tudo em sua vida — que ela precisava começar de novo. Em "The Middle-Class Black's Burden" [O fardo das pessoas negras de classe média], de 1980, McClain compartilhou:

> Sou diariamente sobrecarregada com a necessidade de mostrar às pessoas brancas que as pessoas negras são pessoas. Eu sou, no antigo jargão, um orgulho para a minha raça. Sou guardiã dos meus irmãos e das minhas irmãs, mas fui abandonada por parte da minha gente, por pessoas que acham que eu as abandonei. Eu me vejo em um corredor polonês entre dois mundos, e sou amaldiçoada e abençoada por ambos. Eu transito, observo e faço parte de ambos; e também posso ser usada por ambos. Sou uma corda em um cabo de guerra. Se eu sou uma cota no meu escritório no centro, eu também sou uma cota no chá da igreja do meu primo. Eu mitigo a culpa branca. Eu recuso a inadequação das pessoas negras e provo para a geração do meu pai e da minha mãe que sua paciência era, de fato, uma virtude.

Por mais que ela possa ter se "glorificado" em seu sucesso, no poder de suas realizações, McClain também sabia que elas cobravam seu preço psicológico diariamente. Sua vida teria encontrado um fim diferente se ela tivesse conhecido uma sábia irmã do inhame que pudesse ter compartilhado com ela o pensamento crítico de que se conservar sempre em uma posição estressante, andando na corda bamba, não faz bem para a alma? Que para viver bem e se manter nessa posição nós precisamos tomar um tempo para alimentar e renovar o espírito, para descansar, relaxar e se recuperar? Se ela tivesse ouvido de sábias "Irmãs do inhame": "Menina, você está acabada — você sente que precisa de uma mudança?". Ou se ela tivesse recebido um apoio inequívoco de colegas e entes queridos se anunciasse: "Essa tem sido uma grande jornada, mas chegou a minha hora de andar por uma estrada diferente"?

Na minha própria vida, descobri que anunciar uma necessidade de mudança costuma levar as outras pessoas a apontarem o quão bem-sucedida eu sou e a perguntarem por que eu não deveria pausar no momento em que reunisse certo impulso para isso. Elas costumam perguntar: "O que faremos sem você?". O apoio que recebi veio das "Irmãs do inhame", de sessões terapêuticas com pessoas amigas e conselheiras, que foram capazes de ouvir a minha dor, que estiveram dispostas a escutar e me ouvir dizer que eu aprecio o meu sucesso e que, ao mesmo tempo, preciso de uma mudança. Como a minha irmã V. também está remapeando a vida dela, primeiro questionando se um novo trabalho era realmente o que ela queria e então deixando seu poderoso cargo administrativo, nós podemos trocar feedbacks positivos em relação à nossa decisão de correr riscos e nos confortar quando cometemos erros.

O luto não reconciliado, a tristeza e o sentimento de que a vida perdeu o sentido são todos estados mentais que conduzem as mulheres negras a uma depressão que ameaça a vida. A perda não respeita a idade. Crianças muito novas sofrem de estados depressivos debilitantes. E isso é ainda mais provável se as crianças vivem em uma família abusiva e disfuncional. Para algumas mulheres adultas, as depressões que enfrentamos podem ser traçadas desde a infância. Algumas de nós guardamos nossa dor por anos e anos, deixando essa dor prejudicar nossa saúde. Seria de grande ajuda se as mulheres negras contemporâneas reinstitucionalizassem os significativos rituais da morte e do morrer que as gerações passadas empregavam para promover um processo de luto saudável, que nos ensinava quando e como deixar ir. Toda mudança pode causar tristeza. Mas quando a tristeza se prolonga é que nos sentimos presas, atoladas, incapazes de nos mover. À medida que nós, mulheres negras, somos capazes de lidar com a realidade mais ampla da morte e do morrer, nos tornamos mais capazes de enfrentar e lidar com as mudanças de vida em curso; e assim podemos seguir em frente. No ensaio "Dying as the Last Stage of Growth", Mwalimu Imara argumenta que toda mudança se assemelha um pouco com a morte: "Abandonar antigos modos e romper com antigos padrões é como morrer, ou pelo menos morrer para os antigos modos de vida em nome de uma nova vida desconhecida de significados e relações. Mas viver sem mudanças não é viver nem crescer de forma alguma. Morrer é uma precondição para a vida". Com uma grande e duradoura perspicácia, nossa ancestralidade foi sábia ao nos ensinar que "um corpo que sabe morrer bem, saberá viver bem". Coletivamente, nós, mulheres negras, conduziremos vidas mais afirmativas conforme rompemos com a negação, reconhecendo nossa dor, expressando nosso pesar e deixando que nosso luto nos ensine a ter alegria e começar tudo outra vez.

8

MOVIDAS PELA PAIXÃO: EROS E RESPONSABILIDADE

Quando lemos ficções escritas por mulheres negras, nós entramos em um mundo que, sem pudores, expõe a crise em nossa vida "erótica". Fica evidente que temos muito o que reconciliar em relação às nossas sexualidades e sensualidades, independentemente da orientação sexual da autora. Quando falo sobre erotismo aqui, o intuito não é evocar imagens heterossexistas. Meu desejo é falar para (e sobre) aquela força vital que habita o interior de todas nós — mesmo antes de termos qualquer pista sobre nossas preferências ou práticas sexuais — que identificamos como o poder do erótico. Em seu ensaio "Usos do erótico", Audre Lorde explica:

> A própria palavra *erótico* vem do termo grego *eros*, a personificação do amor em todos os seus aspectos — nascido do Caos, a personificação do poder criativo e da harmonia. Quando falo do erótico, então, eu falo do erótico como uma afirmação da força vital das mulheres; daquela energia criativa cheia de

poder, cujo conhecimento e uso nós agora reivindicamos em nossa linguagem, em nossa história, em nossas danças, em nossos amores, em nosso trabalho e em nossa vida.

Significativamente, as lésbicas negras têm se posicionado na vanguarda de nossos esforços para transformar a relação das mulheres negras com o erótico. O poderoso ensaio de Audre Lorde foi revolucionário. "Usos do erótico" não apenas nos fornece um esquema para repensarmos o erótico fora do contexto do patriarcado e do heterossexismo, mas também nos permite falar publicamente sobre o prazer sexual. Escritoras negras lésbicas, como Diane Bogus, compartilham seus esforços de compreender o desenvolvimento de sua política erótica reexaminando a infância, suas relações dentro da família. Bogus escreve sobre sua mãe no ensaio "Mom de Plume" [Mãe de pluma] e compartilha:

> Então, eu observava a forma como você conduzia esse estado casada/solteira. Sem saber que você estava doente e piorando, eu via você trabalhando o dia inteiro, cozinhando, limpando, cuidando dos meus irmãos e dos homens, nos enchendo de uma indelével sabedoria materna. Foi a partir daí, então, que a minha adoração sem nome e sem limites, que a minha vontade de ser igual a você cresceu. Talvez durante aqueles poucos, mas intensamente amorosos anos de copista, eu tenha copiado uma imagem subliminar sua que desde então apliquei para a minha própria felicidade. Talvez, então, minha lesbianidade não seja mais que a sua autoconfiança desprovida de homens transformada em si mesma.

Interrogando o reino do erótico de forma pública e voluntária, as pensadoras feministas negras lésbicas pavimentaram o caminho para todas as mulheres negras exercerem nosso direito de conhecer e entender o erótico politicamente.

De forma concreta, mulheres negras lésbicas, bissexuais e de sexualidade radical desafiam as mulheres negras presas nos confinamentos de um erotismo heterossexista opressivo e doloroso a reconhecer que nós temos escolhas. Nos incitando a reconsiderar nossa relação com o nosso corpo, e também com os corpos de outras mulheres negras, o campo do erotismo foi expandido com a promessa de mais paixão e prazer. Essas intervenções positivas são cruciais. Todos os nossos erotismos têm sido moldados dentro da cultura de dominação. Apesar de nossas escolhas e preferências, nós só podemos agir de forma erótica e libertadora em relação a nós mesmas e a outras pessoas quando ousamos nos libertar das normas culturais.

Mais do que nunca em nossa história, as mulheres negras têm trabalhado na articulação de uma "metafísica erótica" que possa dar direção e significado para a nossa experiência. Pegando emprestado esse termo do filósofo Sam Keen, que o emprega em sua obra *The Passionate Life* [A vida apaixonada], uma "metafísica erótica" evoca uma visão da vida que conecta nosso senso do eu à comunhão e à comunidade. A "metafísica erótica" é baseada na suposição de que nos tornamos mais plenamente quem somos no ato do amor. Keen elabora: "Dentro da tradição da metafísica erótica, que remonta a Agostinho e Platão, supõe-se que o amor precede o conhecimento. Nós amamos para compreender". Pensar em uma metafísica erótica na vida das mulheres negras é automaticamente contestar aquela versão estereotipada da nossa realidade que é diariamente fabricada e exibida na cultura do patriarcado capitalista supremacista branco.

Em uma sociedade em que o corpo das mulheres negras, nosso próprio ser, foram e são objetificados de formas que negam a nossa subjetividade, tem sido incrivelmente difícil para as mulheres negras verem o erótico como um espaço de poder. Aqui é importante distinguir o erótico do sexual. Muitas mulheres negras aprendem cedo a se objetificar, a objetificar seu corpo, e usam sua sexualidade como uma mercadoria que pode ser trocada no mercado sexual. Embora possam parecer "livres", as mulheres negras que internalizaram essa forma de pensar sobre seu eu sexual são, na verdade, totalmente afastadas de seus poderes eróticos. Seu afastamento é tão intenso quanto o daquelas mulheres negras que aprenderam desde a infância que podem se proteger da objetificação, da mercantilização, reprimindo sua energia erótica, negando qualquer dimensão sensual ou sexual nelas mesmas.

Assim como romper com a negação é um estágio inicial no processo de cura em outras áreas de nossa vida, também é verdade que as mulheres negras não serão capazes de curar as dimensões feridas de nossa vida erótica sem afirmarmos nosso direito ao prazer curativo. Algumas de nós somos incapazes de imaginar e criar espaços de prazer em nossa vida. Sempre ocupadas atendendo às necessidades de outras pessoas, ou quando somos "acostumadas com a dor", nós perdemos de vista a forma como a capacidade de experimentar e conhecer o prazer é um ingrediente essencial para o bem-estar. O prazer erótico demanda de nós um envolvimento com o reino dos sentidos, uma disposição de fazer uma pausa em nossas transações diárias e desfrutar do mundo ao nosso redor. No caso de muitas mulheres negras, a capacidade de estar em contato com a realidade sensual foi pervertida e distorcida na infância. Criadas por pessoas autoritárias e coercitivas, mais preocupadas em produzir crianças obedientes, muitas de nós aprendemos, ainda meninas, que sempre seríamos punidas por sentir prazer, por não manter nossas roupas limpas, por qualquer pequeno ato de espontaneidade que não coincida com a objetificação que sofremos. Todas nós conhecemos pais e mães negras que tratam as meninas como "bonecas" e esperam que elas atendam aos comandos, que se comportem como marionetes.

Ambientes desse tipo não promovem o desenvolvimento da imaginação criativa nem afirmam o desejo da criança de explorar o mundo plenamente. Sam Keen nos lembra de que o mundo do brincar é a base que pode moldar ou deformar nossa capacidade de sentir:

> No jogo dos sentidos, a criança atravessa as fronteiras da persona. Tocar, cheirar e degustar nos permite descobrir se, e até que ponto, o mundo faz sentido. Enquanto tivermos um corpo, nós podemos nos refugiar no santuário da experiência. Os sentidos são oráculos particulares. Quando os consultamos, nós descobrimos um laço sagrado que nos une à vida.

No caso das crianças negras, esse laço costuma ser quebrado muito cedo. Muitas de nós, ainda crianças, fomos levadas a sentir que o mundo é totalmente inseguro, e assim nossa capacidade de admirá-lo foi reprimida e substituída pelo medo.

O toque como uma forma de experimentar a realidade foi negado para muitas de nós ainda crianças. Recentemente, eu estava em uma loja de presentes onde havia uma criança negra que queria tocar nos objetos, pegá-los e olhar para eles, da forma como outras pessoas ali estavam fazendo. Sua mãe, no entanto, insistia para ela não tocar em nada, que, se ela fizesse isso, as pessoas na loja poderiam pensar que ela estava roubando coisas. Diariamente, em muitos lugares públicos, nós podemos testemunhar a forma como a curiosidade das crianças negras é suprimida. Ensinadas a não pegar nem tocar objetos do mundo que despertam o interesse e o prazer, muitas crianças negras são socializadas a pensar que esse desejo é "ruim" e leva à punição. Elas aprendem a reprimir o desejo de tocar e a necessidade de serem tocadas. Uma das minhas irmãs teve que confrontar parentes que sentiam que ela estava tocando "demais" as crianças dela e, como consequência, estava enfraquecendo as crianças. Mais uma vez, a ideia de que as crianças negras devem aprender a ser "duronas" serve aqui como uma lógica para negar a elas formas de criar vínculos físicos que comuniquem que a sua pele é amável, que merece ternura e cuidados.

Falando das formas como as pessoas são tornadas incapazes de experimentar o prazer, Keen afirma: "A privação de laços cria uma pobreza erótica; a pobreza erótica incita a violência; e a violência inibe o eros. Nós não podemos fazer amor em um campo de batalha. Quanto menos cuidado recebemos, menos somos capazes de oferecer cuidados". As jovens negras costumam aprender cedo que não terão nenhuma de suas necessidades de toque e estímulos físicos atendidas em qualquer outro aspecto que não o sexual. Há poucos estudos que observam a conexão entre a experiência sexual precoce, que pode ou não levar à gravidez na adolescência, e o desejo de encontrar um espaço no qual a pessoa possa expressar a necessidade de ser tocada. Quando, na infância, as mulheres negras foram privadas do estímulo emocional que inclui o toque, nós podemos não ter aprendido a distinguir esses desejos do desejo sexual. E sem saber essa diferença, nós podemos nos envolver em relações sexuais precoces em uma tentativa de atender a essas necessidades não sexuais.

Quantas jovens negras são capazes de articular para as pessoas que são suas parceiras que elas só precisam ser acariciadas, tocadas ou abraçadas? O sexo se torna a única forma pela qual elas podem experimentar o toque porque não sabem pedir? Quantas mulheres negras adultas são plenamente capazes de reconhecer o poder curativo do toque? Nós somos tocadas o suficiente? Nós oferecemos às crianças negras todo o toque de que elas precisam? Muitas de nós somos criadas a nos envergonhar com demonstrações físicas de afeto. Em seus escritos autobiográficos, as mulheres negras costumam relatar que foram criadas em famílias nas quais não havia nenhuma expressão física de cuidado. Em *To be Young, Gifted, and Black* [Ser jovem, talentosa e negra], Lorraine Hansberry confessou que a família dela não era dada ao toque nem nunca falava de amor:

> Quando doentes, nós, crianças, éramos, de forma dura, impessoal e atenciosa, cuidadas e curadas. Febres e dores de dente eram tratadas com urgência e importância, quando sempre nos sentíamos *importantes* em nossa família. Minha mãe vinha com uma bandeja até o nosso quarto, trazendo uma sopa e Vick ou fazia os enemas no banheiro cheio de vapor. Mas nenhuma criança recebeu carinho — a cabeça encostada no peito, um afago na cabeça — até crescermos e meu pai morrer. No enterro dele, por fim, eu me lembro de ver minha mãe abraçando os filhos dela daquela forma, e pela primeira vez na vida dela minha irmã me segurou nos braços, eu acho. Não éramos pessoas amáveis: éramos pessoas apaixonadas em nossas hostilidades e afinidades, mas o carinho nos constrangia. E mudamos pouco.

Muitas de nós tiveram uma experiência parecida. Só quando saímos de casa e voltamos como adultas é que as demonstrações de amor parecem possíveis. O que há na distância que nos permite reconhecer nossas necessidades emocionais? O carinho nos constrange porque serve como um lembrete vivo de que somos feitas de carne e de que necessitamos de cuidado e amor. Seria de surpreender que um povo cujos corpos foram perpetuamente usados, explorados e objetificados busque agora transformar sua carne em uma armadura?

Quando consideramos os usos que esta sociedade tem feito do corpo das mulheres negras — máquinas de reprodução, receptáculos de desejos pornográficos, "gostosas" que se podem comprar e vender —, com certeza nosso afastamento coletivo do erotismo inspirador faz sentido. Diante da forma como o patriarcado e as noções da dominação masculina alimentam a construção da identidade heterossexual, o reino da expressão sexual negra heterossexual raramente é um lugar onde as mulheres negras aprendem a desfrutar de nosso poder erótico. Enquanto as ficções escritas por mulheres negras narram expressões de sexualidade brutais e destrutivas disfarçadas do desejo entre homens negros e mulheres negras, as autobiografias de escritoras negras raramente mencionam o universo sexual.

Praisesong for the Widow, o romance de Paule Marshall, é incomum em sua representação de uma relação sexual apaixonada entre um homem negro e uma mulher negra que é baseada no desejo mútuo, em uma vontade compartilhada de manter contato com a cultura negra criativa. Descrevendo momentos de êxtase sexual que consideram essa experiência como algo sagrado, Marshall escreve:

> Ele descansava dentro dela como um homem que de repente se viu no interior de uma espécie de templo e hesita, tomado pela magnificência do lugar, sentindo ao seu redor as formas invisíveis das deidades que ali residem: Erzulie, com suas joias e finos véus; Yemoja, para quem os rios e os mares são sacralizados; Oya, primeira esposa do deus do trovão e ela mesma dona dos ventos e dos raios [...]. Jay pode ele mesmo ter se sentido cercado por um panteão das mais antigas deidades que fizeram, da escuridão profunda da carne de sua esposa, seu templo. E ele recuou, tremendo um pouco, sem saber muito bem como se comportar diante da presença delas.

Para Jay e Avey, a sexualidade é um lugar que permite que se recuperem, onde podem viver mais plenamente. Mas Marshall retrata Jay perdendo o contato com a sua sensualidade e com a sua sexualidade quando ele se torna excessivamente obcecado com a aquisição de bens materiais, com a conquista de poder econômico. Marshall é uma entre poucas escritoras negras que apontam uma conexão entre o capitalismo avançado e o intenso desejo das pessoas negras por bens que anulam a nossa vontade de experimentar os sentidos como um local de poder e possibilidades.

Quando ouvimos muitas músicas negras contemporâneas de rap e R&B, podemos perceber infinitas mensagens que transformam o espaço do desejo erótico em um espaço de troca de mercadorias, um lugar para a encenação da agressão. Ouvindo a expressão pugilística do desejo sexual evocada em muitas das músicas de rap masculino-centradas, nós precisamos nos perguntar que tipo de sexo as pessoas negras jovens estão fazendo e nos perguntar por que elas relacionam o sexo a atos agressivos, à violência e mesmo ao ódio. Em uma cultura supremacista branca, a "negritude" é sempre transformada em algo que sinaliza o antierótico. Embora possa ser sexualizado, o corpo negro é constantemente associado a um pensamento negativo sobre o sexo (estupro, doença). As revistas de moda tendem a retratar as mulheres negras de forma a fazer seus corpos parecerem "não naturais", deturpados, como manequins. Geralmente, as mulheres negras são exibidas em pseudor-roupas de esquina (como se fôssemos prostitutas), usando perucas lisas, os traços distorcidos. Essas imagens sexualizadas não empoderam suas espectadoras negras. Elas estão lá para o olhar branco voyeurista, para nos tornar "objetos" ou posses mais uma vez?

Considerar como sagrados os corpos das mulheres negras é ir contra a insistência cultural de que eles não têm valor e são dispensáveis. Corpos sagrados adentram o reino da sexualidade sabendo oferecer respeito e consideração. Ao discutir a questão da atitude em *The Art of Sexual Ecstasy* [A arte do êxtase sexual], Margo Anand nos lembra de que o amor--próprio nos permite experimentar o prazer, uma sensação de euforia: "O amor começa em casa, com o amor-próprio. E com isso eu não me refiro a uma indulgência autocentrada, mas à capacidade de confiar em si e ouvir sua voz interior, o guia intuitivo de seu próprio coração. Se amar significa que você percebeu que merece a experiência do êxtase [...]". Muitas mulheres negras lutam para aceitar e amar o próprio corpo. Para algumas de nós, isso significa aprender a amar a cor da nossa pele. Outras podem amar nossa negritude, mas mutilá-la mentalmente, cortando o corpo e separando-o em partes desejáveis e indesejáveis. Em *Amada*, de Toni Morrison, Baby Suggs faz um sermão profético em meio à natureza, na floresta, rogando às pessoas negras que amemos nossa carne:

"Aqui", ela disse, "neste lugar, somos carne; carne que chora, que ri; carne que dança descalça na grama. Amem essa carne. Amem com força. Lá fora eles não vão amar a carne de vocês. Eles desprezam ela. Eles não amam os olhos de vocês; capaz de arrancarem seus olhos fora. Eles também não amam a pele das costas de vocês. Lá eles açoitam ela. E, ah, meu povo, eles não amam as mãos de vocês. Eles só usam elas, amarram, prendem, cortam fora e deixam vazias. Amem suas mãos! Amem. Levantem suas mãos e beijem elas. Toquem outras pessoas com elas, passem uma mão na outra, no rosto, porque eles também não amam o rosto de vocês. Vocês é que têm que amar, vocês!"

Baby Suggs continua nomeando várias partes de nosso corpo, incitando-nos a amar essa carne. Para qualquer mulher negra que trabalha com questões de autorrecuperação em relação à estima corporal, essa seria uma boa passagem de meditação para ser lida diariamente em busca de entendimento e reflexão.

Amar a nossa carne, celebrá-la, inclui o erotismo da linguagem, a forma como falamos umas com as outras. Costumamos usar tons duros com muita frequência. Erguemos a voz. Nós nos esquecemos de como usar o discurso vernacular negro de uma forma consoladora, carinhosa e prazerosa. Porém, muito mais que o inglês padrão, nós podemos falar usando dialetos ou gírias para criar uma aura de prazer e um deleite de se sentir "em casa" em nossos encontros íntimos. É por isso que Paule Marshall chama a atenção para a forma como Jay e Avey falam entre si quando transam, envolvidos em um diálogo mútuo de desejo que intensifica sua intersubjetividade e atenua a possibilidade de se tornarem narcisistas e se esquecerem de se reconhecer. O diálogo é um poderoso gesto de amor. A fala afetiva é uma doce comunhão que aprofunda nossos laços. Nós podemos demonstrar a intensidade de nosso cuidado pela forma como falamos em todas as áreas da vida, públicas e privadas. Nossas palavras podem evocar um sentimento de respeito e um profundo reconhecimento de quão preciosas as pessoas são umas para as outras. A linguagem pode transmitir uma noção do sagrado.

A sexualidade sagrada começa quando tocamos nosso corpo nos cuidados diários. Um momento verdadeiramente especial de cuidado terno ocorre em *Praisesong for the Widow*, quando Rosalie Parvey lava o corpo sujo de Avey depois de ela ter feito a difícil travessia para Carriacou. Esse banho é um ritual de cura. Para as mulheres negras, é um convite encantador para nos lembrarmos de nossos banhos na infância, quando nosso corpo era tocado e limpo. É uma celebração do cuidado terno que uma mulher negra entrega à outra mesmo quando são estranhas. Nesse espaço sensual crepuscular, Avey experimenta um novo despertar dos sentidos; ela volta a se sentir viva para o toque, cheiros e sons: "Ela se entregou então àquela voz contemplativa e a questões tão simples como a fragrância suave do sabonete no ar e aquele som adorável, como um repentino pingo de chuva, enquanto a empregada torcia a toalha de quando em quando sobre a água da banheira galvanizada". A vergonha que sentimos de nosso corpo costuma impedir que as mulheres negras se afirmem e troquem cuidados físicos. E então o medo homofóbico extremado continua a alimentar a incapacidade das pessoas negras de se tocarem. A erradicação da homofobia nos permitiria acolhermos umas às outras sem medo, para além de nossas orientações sexuais.

Na introdução ao seu novo livro de poemas, *The Love Space Demands* [As demandas do espaço do amor], Ntozake

Shange fala sobre a forma como o medo da Aids está levando algumas pessoas negras a promoverem uma repressão sexual: "Nossos comportamentos estavam apenas começando a mudar quando a epidemia teve início, aproximando o sexo da vergonha, e agora mais do que nunca, pelo menos desde que estou viva. Palavras que minam a confiança e a liberdade de sentir voltaram a se esgueirar para os quartos e sofás da nossa vida, levando as pessoas a duvidarem sempre umas das outras". O livro de Margo Anand afirma que um prazer sexual deleitoso pode ser experimentado dentro de um contexto de sexo seguro. A crise da Aids, que está afetando largamente nossas comunidades (mais de 50% das mulheres com Aids são negras), aumentou nossa consciência de que podemos nos honrar mais no contexto do erotismo compartilhado quando trazemos para o campo do desejo uma abertura e uma disposição de compartilhar em palavras quem somos, o que já vivemos e o que queremos sem medo.

Essa sempre tem sido uma dinâmica na experiência sexual saudável. Para muitas mulheres, em particular no caso das mulheres negras que nunca foram capazes de articular seus medos, necessidades ou desejos sexuais, é difícil se envolver em uma conversa aberta antes de um encontro sexual. Esse medo faz com que muitas mulheres negras heterossexuais aceitem ter relações sexuais sem camisinha, pois não desejam iniciar uma discussão sobre sexo seguro com o parceiro. Um erotismo curativo nos permite assumir a responsabilidade de articular todas as nossas preocupações sempre que estamos interessadas e envolvidas sexualmente. Audre Lorde enfatiza que o erotismo é assustador porque afirma a vida e nos incita a resistir a qualquer encontro desumanizante. É desumanizante para as mulheres se submeterem a relações sexuais sem camisinha quando elas querem proteção. Como Lorde nos lembra:

Pois uma vez que começamos a sentir profundamente todos os aspectos de nossa vida, nós passamos a exigir que nós mesmas e nossos objetivos de vida estejam de acordo com aquela alegria que sabemos ser capazes de sentir. Nosso conhecimento erótico nos empodera, se torna lentes através das quais analisamos todos os aspectos da nossa existência, nos forçando a avaliar esses aspectos com sinceridade em termos de seu significado relativo em nossa vida.

Empoderadas por um erotismo curativo, as mulheres negras são capazes de antever e se envolver em encontros sexuais que não prejudiquem nosso bem-estar. Várias mulheres negras casadas com quem conversei falaram sobre continuar se sentindo compelidas a fazer sexo com seus parceiros contra a vontade delas. Sabemos que esse é um gesto perigoso, pois exige a repressão de nossos sentimentos autênticos e nos obriga a fingir. Essa repressão por si só age de forma a nos afastar de nosso corpo, nos alienando de nossas necessidades, e assim perdemos o contato. Nós devemos resistir a ela.

Uma vez que muitas mulheres negras experimentaram abusos físicos traumáticos, nós adentramos a sexualidade já feridas. Seja qual for a nossa orientação sexual, nós precisamos nos relacionar com pessoas capazes de nos ouvir definindo nossos limites e limitações. Precisamos estar ao lado de pessoas capazes de nos dar o cuidado que torna a cura sexual possível. Aquelas entre nós que aprendemos a dizer, de forma franca e sincera, que somos sobreviventes de abuso, descobrimos que nossa disposição de cuidar de nós mesmas convida a um reconhecimento e um cuidado recíprocos por parte das pessoas que são nossas parceiras sexuais. Shange, em *The Love Space Demands*, compartilha o pensamento de que "quando não sabemos o que queremos dizer ou por que fazemos o que estamos fazendo, nós só conseguimos trazer o caos e a dor para nós mesmas e para outras pessoas". Keen, em *The Passionate Life*, nos convida a entrar inteiras em nossas relações sexuais de uma forma diferente, mas sua mensagem é parecida:

> Uma abordagem puramente sensacionalista do sexo não contempla o paradoxo do prazer. Os seres humanos não são eternamente jovens, não vivem na perpétua moratória do jogo e não podem isolar as sensações do presente de sentimentos associados a elas. Somos multidimensionais. Portanto, o prazer é maior quando a sensação (consciência presente), o sentimento (associações passadas) e as intenções (expectativas futuras) são unificados em um todo. Se todas as partes do eu podem participar, tudo fica melhor.

No centro de uma metafísica erótica está o chamado urgente para nos conhecermos e amar quem somos, de forma que podemos ser mais plenamente nós mesmas no espaço da paixão e do prazer.

As mulheres negras costumam ser mais apaixonadas em nossa raiva e em nosso sofrimento do que somos no amor. A energia que investimos em situações que despertam dor ou hostilidade pode ser facilmente redirecionada. Podemos nos lembrar diariamente de direcionar nossos sentimentos mais intensos para aquelas áreas da vida que nos dão mais prazer e deleite. Para alcançar esse fim, nós precisamos escrever a nós mesmas receitas que nos ajudem a sintonizar o poder erótico e guardá-las em uma caixa e então, quando sentirmos que as nossas energias estão sendo direcionadas para a raiva ou para o sofrimento, nós podemos tirar uma receita dessa caixa e segui-la. Quando estou me sentindo mal ou triste, eu costumo ser incapaz de imaginar que atividades poderiam criar uma mudança de sentimentos. Uma caixa cheia de ideias pode servir de lembrete. Cantar, dançar, caminhar ou meditar podem ser práticas que nos ajudam a retomar o contato com o nosso corpo. Aprendermos a ficar paradas, em posição de meditação, é uma forma de nos unirmos com o nosso corpo. O monge budista Thich Nhat Hanh nos ensina que viver de forma consciente, com plena atenção, nos permite curar as partes feridas de nosso eu. Ele nos encoraja a sorrir e a sorrir sempre. Sabemos que as mulheres negras costumam fechar a cara, transformando o rosto em máscaras impenetráveis. Expandir o nosso olhar é um gesto que pode nos aproximar do mundo externo, o que aumenta a nossa possibilidade de experimentar a alegria e a gratidão por estarmos vivas, por termos mais um dia nesta terra em nosso corpo, por podermos sentir nosso corpo em êxtase.

Enquanto tentamos antever um erotismo curativo, Keen também nos encoraja a perguntar: "Que formas de paixão poderiam nos fazer sentir pessoas inteiras? A quais paixões poderíamos nos render com a garantia de que expandiremos, e não diminuiremos, a promessa de nossa vida? Para onde poderíamos olhar a fim de captar um vislumbre do tipo de vida apaixonada que curaria tanto a psique quanto o corpo político?". Essas são questões importantes para as mulheres negras em busca de autorrecuperação. Aquelas entre nós dotadas de uma consciência feminista acham que a experiência da paixão em um contexto não sexista é incrivelmente curativa. Sem saber que carregamos internamente tanto medo, nós descobrimos, em encontros umas com as outras e com pessoas parceiras carinhosas, que a sexualidade tem sido muitas vezes um lugar de medo, mas que pode ser um lugar onde nós podemos deixar o medo ir embora, onde podemos nos recuperar e voltar a nós mesmas. Descobrimos que celebrar nossa união com o mundo natural e com o nosso eu natural desperta nossos sentidos e nos dá prazer. Descobrimos que há um erotismo curativo na luta pela libertação quando engajamos ativamente cada aspecto de nosso ser para trazer a beleza, a honra, o respeito e o cuidado vigilante para a experiência negra. Quando recuperamos uma paixão saudável, nós, mulheres negras, descobrimos que podemos fazer uma pausa nas atividades diárias para voltar a sentir toda aquela admiração e prazer que sentimos por sermos carne, por sermos unas com o universo, pela existência de uma força vital dentro de nós carregada de poder erótico que pode transformar e curar nossa vida.

9

VIVENDO PARA AMAR

O amor cura. Nós nos recuperamos no ato e na arte de amar. Aqui uma passagem de que gosto muito, que toca o meu espírito, do "Evangelho segundo João": "Quem não ama permanece na morte".

    Muitas mulheres negras sentem que vivemos uma vida com pouco ou nenhum amor. Essa é uma de nossas verdades particulares que raramente é assunto de discussão pública. Nomear essa realidade evoca uma dor tão intensa que as mulheres negras raramente podem conversar sobre o assunto entre si de forma plena. *The Black Women's Health Book* não tem nenhum capítulo focado especificamente no amor. E a palavra foi evocada uma única vez, em um contexto negativo, no título de um capítulo. O assunto era a violência doméstica e o título: "Love Don't Always Make It Right" [O amor nem sempre melhora as coisas]. A princípio, esse título distorce o significado do amor genuíno — o amor verdadeiro, sim, melhora as coisas. Uma das principais tarefas que nós, mulheres negras, encaramos em nosso trabalho pela cura emocional é compreender mais plenamente o que é o amor, de forma a não imaginarmos que o amor e o abuso podem estar presentes ao mesmo tempo em nossa vida. A maioria dos abusos ameaça a vida, independentemente de esses abusos ferirem nosso corpo ou nossa psique. Entender o amor como uma força vital que nos impulsiona a agir contra a morte nos permite ver claramente que, onde há amor, não pode haver abusos incapacitantes, debilitantes ou destrutivos.

Uma vez que muitas mulheres negras fazem do cuidado um sinônimo de amor, nós confundimos a questão. O cuidado pode ter lugar, por exemplo, em um contexto familiar em que também há abuso, mas não significa que o amor esteja presente. Neste capítulo, eu gostaria de apresentar formas de pensar o amor que aprofundem nosso entendimento em relação ao seu significado e à sua prática. Quero lançar luz sobre as formas pelas quais nossa experiência histórica específica, enquanto pessoas negras vivendo em uma sociedade racista, dificultou e às vezes até impossibilitou totalmente a prática do ato e da arte de amar de forma contínua.

Para as pessoas negras que vivem nesta cultura, não tem sido fácil conhecer o amor. Definindo o amor em *The Road Less Traveled* como "o desejo de se expandir com o propósito de nutrir o próprio crescimento ou o crescimento de outra pessoa", M. Scott Peck compartilha o pensamento profético de que o amor é "uma intenção e uma ação". Nós demonstramos amor por meio da união do sentimento e da ação. Lançando mão dessa definição de amor e aplicando-a à experiência negra, é fácil ver como, historicamente, muitas pessoas negras só puderam se experimentar como amantes em frustração, uma vez que as condições da escravidão e do apartheid racial tornaram extremamente difícil nutrir o crescimento espiritual próprio ou de outras pessoas. Veja, eu digo difícil, mas não impossível. Ainda assim, precisamos reconhecer que a opressão e a exploração pervertem, distorcem e impedem nossa capacidade de amar.

Diante das políticas da vida negra nesta sociedade supremacista branca, faz sentido que o racismo internalizado e o auto-ódio se posicionem no caminho do amor. Os sistemas de dominação podem nos explorar melhor quando nos privam de nossa capacidade de experimentar nossa própria agência e quando alteram nossa capacidade de amar e cuidar de nós mesmas e de outras pessoas. As pessoas negras foram intensa e profundamente "magoadas" – "atingidas no peito", como costumávamos dizer lá em casa – e a profunda dor psicológica que suportávamos e ainda suportamos afeta a nossa capacidade de sentir e, portanto, a nossa capacidade de amar. Nós somos pessoas feridas. Feridas naquela parte de nós que conheceria o amor, que seria amada. A escolha de amar sempre foi um gesto de resistência por parte das pessoas afro-americanas. E muitas de nós fizemos essa escolha só para descobrir que somos incapazes de dar ou de receber amor.

Nossas dificuldades coletivas com a arte e o ato de amar começaram no contexto da escravidão. Não deveria nos chocar que um povo que foi forçado a testemunhar suas crianças sendo vendidas; entes queridos, pessoas companheiras e camaradas sendo espancadas até não serem mais reconhecidas; um povo que conheceu a pobreza, privações e perdas implacáveis, um luto sem fim, e a separação forçada da família e de parentes; não deveria nos chocar que esse povo emergiria do contexto da escravidão desconfiado dessa coisa chamada amor. Ainda assim, algumas pessoas escravizadas devem ter sonhado que um dia seriam capazes de desenvolver plenamente sua capacidade de amar. Elas souberam em primeira mão que as condições da escravidão distorciam e pervertiam sua possibilidade de conhecer o amor ou de serem capazes de sustentar esse conhecimento.

 Embora as pessoas negras tenham emergido da escravidão ávidas por experimentar a intimidade, o compromisso e a paixão fora do reino da servidão, elas também devem, de muitas formas, ter se sentido psicologicamente despreparadas para praticar de forma plena a arte de amar. Não é de admirar, então, que muitas pessoas negras tenham estabelecido ambientes domésticos que espelhavam os arranjos brutais que haviam conhecido na escravidão. Usando um modelo hierárquico de vida familiar, elas criaram espaços domésticos onde havia tensões em torno do poder, tensões que muitas vezes levavam os homens negros a chicotearem as mulheres negras, punindo-as severamente por alguma transgressão percebida, que levavam pessoas adultas a baterem em crianças para assegurar a dominação e o controle. Em ambos os casos, as pessoas negras estavam aplicando, umas contra as outras, os mesmos métodos duros e violentos que foram usados contra elas pelas senhorias brancas quando eram escravizadas. Nós sabemos que a vida não era fácil para as pessoas escravizadas recém-libertas. Nós sabemos que o fim da escravidão não significou que as pessoas negras, de repente livres para amar, soubessem como se amar bem.

 Muitas vezes, as narrativas da escravidão costumam enfatizar que a sobrevivência das pessoas negras foi em grande medida determinada por sua capacidade de reprimir sentimentos. Em sua narrativa de 1845, Frederick Douglass lembrou que foi incapaz de experimentar o luto quando soube da morte de sua mãe, uma vez que um contato contínuo entre mãe e filho tinha sigo negado. A escravidão socializou as pessoas negras a conter e reprimir uma gama de emoções. Testemunhando umas às outras sendo submetidas a todo tipo de abuso físico, a dor da sobrecarga de trabalho, a dor da punição brutal, a dor da fome, as pessoas escravizadas raramente demonstravam empatia ou solidariedade umas pelas outras quando mais se necessitava de simpatia e de consolo. Elas tinham medo, com razão, de sofrer represálias. As pessoas escravizadas só podiam dar vazão aos sentimentos reprimidos em espaços de resistência social cuidadosamente cultivados. Logo, elas aprenderam a conter o impulso de cuidar quando o cuidado era mais necessário e aprenderam a esperar um momento "seguro" para poder expressar seus sentimentos. Que forma o amor poderia tomar em um contexto como esse, em um mundo em que as pessoas negras nunca sabiam por quanto tempo poderiam estar juntas? Praticar o amor no contexto da escravidão poderia tornar uma pessoa vulnerável a uma dor emocional insuportável. Costumava ser mais fácil para as pessoas escravizadas cuidarem umas das outras quando atentas à natureza transitória de suas intimidades. O mundo social da escravidão encorajava as pessoas negras a desenvolverem noções de intimidade conectadas a uma realidade prática conveniente. Uma pessoa escravizada incapaz de reprimir e conter suas emoções poderia não sobreviver.

A prática de reprimir sentimentos como uma estratégia de sobrevivência continuou a ser um aspecto da vida negra mesmo muito tempo depois do fim da escravidão. Uma vez que a supremacia branca e o racismo não acabaram com a Proclamação da Emancipação, as pessoas negras sentiram que ainda era necessário manter intactas certas barreiras emocionais. E, na visão de mundo de muitas pessoas negras, ser capaz de conter os sentimentos tornou-se um atributo positivo. Com o tempo, a habilidade de mascarar, esconder e conter sentimentos passou a ser vista por muitas pessoas negras como um sinal de força de caráter. O ato de demonstrar emoções era visto como uma tolice. Tradicionalmente, nos lares negros do Sul, as crianças costumavam ser ensinadas desde cedo que era importante reprimir os sentimentos. Muitas vezes, quando punidas fisicamente de forma severa, nos diziam que não podíamos chorar. Demonstrar emoções podia levar a mais punições. Pais e mães costumavam dizer, em meio a punições dolorosas: "Eu não quero ver nem uma lágrima". E se alguma criança ousasse chorar, ela era ameaçada com mais punições: "Para com isso agora ou eu vou te dar motivo para chorar".

Em que aspecto esse comportamento se difere daquele da senhoria açoitando a pessoa escravizada e negando acesso ao conforto e ao consolo, negando até mesmo um espaço para a expressão da dor? E se tantas pessoas negras foram ensinadas desde cedo não apenas a reprimir as emoções, mas a considerar a expressão do sentimento como um sinal de fraqueza, então como elas aprenderiam a se abrir totalmente para o amor? Muitas pessoas negras passaram de geração em geração a suposição de que entregar-se, render-se emocionalmente por completo, ameaça a sobrevivência. Elas sentem que amar enfraquece nossa capacidade de desenvolver um caráter firme e forte.

Na minha infância, me parecia que, fora do contexto da religião e do romance, o amor era considerado um luxo pelas pessoas adultas. Lutar para sobreviver, para se sustentar, era mais importante que amar. Nesse contexto, as pessoas que pareciam mais devotas à arte e ao ato de amar eram as mais velhas, nossas avós e bisavós, nossos avôs e bisavôs, os Paizões e Mãezonas. Essas pessoas nos aceitavam, nos forneciam cuidado e atenção incondicionais e, o mais importante, afirmavam nossa necessidade de experimentar o prazer e a alegria. Eram pessoas afetuosas. Demonstravam as coisas fisicamente. Nossas mães, nossos pais e sua geração ávida por progresso costumavam se comportar como se o amor fosse uma perda de tempo, um sentimento ou uma ação que lhes impedia de lidar com questões mais importantes da vida.

Quando disserto em minhas aulas sobre *Sula*, o romance de Toni Morrison, nunca me surpreendo quando vejo minhas alunas negras balançando a cabeça em reconhecimento quando leem um trecho em que Hannah, uma mulher negra adulta, pergunta para a mãe dela, Eva: "Você já amou a gente?". Eva responde com hostilidade e diz: "Você fica aí sentada nessa sua bunda cheia de saúde perguntando se eu já te amei? Esses dois olhões aí na sua cara seriam dois buracos cheios de verme se eu não te amasse". Hannah não fica satisfeita com essa resposta, pois ela sabe que Eva atendeu a todas as necessidades materiais de suas crianças. Ela queria saber se existia um outro nível de afeição, de sentimento e ação. Hannah diz para Eva: "Você já, sabe, você já brincou com a gente?". E mais uma vez Eva responde agindo como se essa fosse uma pergunta totalmente ridícula:

> Brincar? Ninguém brincava em 1895. Só porque você está bem agora, você acha que sempre foi assim? O ano de 1895 foi de matar, menina. Era muito ruim. Os pretos morriam que nem moscas. [...] O que eu ia parecer pulando pra lá e pra cá naquele quartinho com três crianças quando só tinha três beterrabas pra comer?

As respostas de Eva sugerem que encontrar os meios para a sobrevivência material não era apenas o gesto mais importante de cuidado, mas impedia os demais gestos. Muitas pessoas negras compartilham dessa forma de pensar, que faz do cuidado com o bem-estar material um sinônimo da prática de amar. A realidade, obviamente, é que mesmo em um contexto de privilégio material, o amor pode estar ausente. Ao mesmo tempo, dentro do contexto da pobreza, no qual as pessoas precisam lutar para subsistir, nós podemos manter vivo um espírito de amor abrindo espaço para um engajamento lúdico, para a expressão da criatividade, de forma que as pessoas recebam o cuidado e a atenção relacionados ao seu bem-estar emocional, um tipo de cuidado que atende o coração, a mente e também o estômago. À medida que nós, pessoas negras contemporâneas, nos comprometemos com a recuperação coletiva, devemos reconhecer que cuidar de nosso bem-estar emocional é tão importante quanto atender às nossas necessidades materiais.

Parece-me apropriado que esse diálogo sobre o amor em *Sula* se passe entre duas mulheres negras, entre mãe e filha, pois a interação delas simboliza um legado que será passado através das gerações. De fato, Eva não nutre o crescimento espiritual de Hannah, e Hannah não nutre o crescimento espiritual de sua filha, Sula. Mas Eva incorpora um determinado modelo de mulheridade negra "forte" que é quase deificado na vida negra. É precisamente sua capacidade de reprimir as emoções e de fazer o que for necessário para a continuação da vida material que é retratada como a fonte de sua força. É um tipo de modo "instrumental" de pensar sobre as necessidades humanas, ecoado em uma canção contemporânea de Tina Turner: "O que o amor tem a ver com isso?"*.

A vida em uma economia capitalista anuncia claramente as formas como as pessoas negras pensam o amor. Em seu ensaio "Love and Need: Is Love a Package or a Message?"

---

* Em inglês: *What's love got to do with it?* Título de uma música de 1984, interpretada por Tina Turner e composta por Terry Britten e Graham Lyle. [N. T.]

[Amor e necessidade: seria o amor uma embalagem ou uma mensagem?], o monge católico Thomas Merton explica a forma como nos ensinam, por meio da economia de mercado e da mídia de massa que a promove, a pensar em nós e no amor como uma mercadoria. Seus comentários merecem uma longa citação:

> O amor é considerado uma transação. A transação pressupõe que todas as pessoas têm necessidades que precisam ser atendidas por meio da troca. Para fazer uma transação, você tem de aparecer no mercado com um produto que tenha algum valor, ou, se o seu produto não tem valor, você pode conseguir alguma coisa se envolvê-lo em uma embalagem bonita. Inconscientemente, nos vemos como objetos à venda no mercado [...]. E ao fazê-lo, nós acabamos nos considerando e a outras pessoas não como seres humanos, mas como *produtos* — como "bens" ou, em outras palavras, embalagens. Nós nos avaliamos comercialmente. Nos analisamos e realizamos transações visando nosso próprio lucro. E não nos entregamos por amor, mas fazemos uma transação que poderá melhorar nosso próprio produto e, portanto, nenhuma transação é definitiva.

Uma vez que tanto da vida negra tem girado em torno do esforço para ganhar acesso a bens materiais, faz sentido que muitas de nós não apenas sobrevalorizemos a materialidade, mas que também sejamos mais vulneráveis ao tipo de pensamento que mercantiliza os sentimentos e os faz parecer simplesmente um outro tipo de necessidade "material" que pode ser satisfeita dentro do mesmo sistema de troca empregado com outros bens.

As forças combinadas do pensamento racista e do pensamento sexista têm influenciado de forma particularmente negativa as atitudes das mulheres negras no que diz respeito à nossa relação com bens materiais. Nós não apenas temos sido socializadas a pensar em nosso corpo como um "produto" a ser comercializado, mas também somos forçadas a sentir que é nossa responsabilidade entregar produtos de que outras pessoas necessitam. Uma vez que tantas mulheres negras são as únicas provedoras dos lares negros, como Eva é em *Sula*, não surpreende que sejamos tão obcecadas pelo conforto material, com a busca por meios de providenciar o bem-estar material para nós mesmas e para outras pessoas. E, nesse papel, as mulheres negras podem ser mais relutantes em cultivar a prática do amor. Nós podemos ser bem dedicadas a cuidar das necessidades de outras pessoas, em particular das necessidades materiais. No entanto, nossa necessidade de amar e sermos amadas pode ser fundamentalmente negada. Afinal, é basicamente "mais fácil se preocupar em conseguir um dólar para comprar o produto do momento do que se preocupar se você tem ou não amor em casa".

O amor precisa estar presente na vida de todas as mulheres negras, em todos os nossos lares. É a ausência do amor que tem dificultado tanto a nossa sobrevivência ou, quando vivas, essa ausência nos impede de viver plenamente. Quando nos amamos, nós desejamos viver plenamente. Sempre que se fala sobre a vida das mulheres negras, raramente a ênfase recai na transformação da sociedade de forma que possamos viver plenamente, mas trata-se quase sempre de nos aplaudir pela forma como "sobrevivemos" apesar das duras circunstâncias ou sobre a forma como podemos sobreviver no futuro. Quando nos amamos, nós sabemos que devemos fazer mais que sobreviver. Nós devemos ter os meios de viver plenamente.

E para viver plenamente, nós, mulheres negras, não podemos mais negar nossa necessidade de conhecer o amor.

E se quisermos conhecer o amor, primeiro, nós devemos aprender a responder às nossas necessidades emocionais internas. Isso pode significar desfazer os anos de socialização em que fomos ensinadas que essas necessidades não são importantes. Deixe-me dar um exemplo. Kesho Scott introduz sua obra recentemente publicada, *The Habit of Surviving: Black Women's Strategies for Life* [O hábito da sobrevivência: estratégias de vida das mulheres negras], compartilhando um incidente de sua vida que, segundo ela, ensinou-lhe habilidades de sobrevivência importantes:

> Lá estava eu, treze anos, na porta da sala. As roupas molhadas. O cabelo bagunçado. Eu estava chorando, em choque, e precisava dos braços ternos da minha mãe. Lentamente, ela me olhou de cima a baixo, levantou do sofá e veio na minha direção, seu corpo contraído de desaprovação. Pondo as mãos nos quadris e se plantando ali, a sombra dela cobrindo o meu rosto, ela perguntou com uma voz de raiva mal contida: "O que aconteceu?". Eu me encolhi como que atingida pela raiva inesperada e respondi: "Elas enfiaram a minha cabeça na privada. E disseram que eu não podia nadar com elas". "Elas" eram oito meninas brancas do meu colégio. Eu estendi os braços para dar um abraço nela, mas minha mãe, ríspida, afastou minhas mãos e disse: "Ah, isso não! Pega o casaco. Vamos".

De imediato, deve ser evidente que, nesse momento, Kesho não estava aprendendo que suas necessidades emocionais deveriam ser atendidas. A seguir, ela afirma:

"Naquele dia, minha mãe me ensinou uma lição poderosa e duradoura. Ela me ensinou que eu teria que lutar contra a injustiça racial e sexual". Obviamente, essa é uma estratégia de sobrevivência importante para as mulheres negras. Mas, ao mesmo tempo, Kesho também aprendia uma mensagem nociva. Sua mãe a fez sentir que ela não merecia conforto após uma experiência traumática dolorosa, que ela estava "desalinhada" demais para sequer buscar consolo emocional, e que suas necessidades individuais não eram tão importantes quanto a luta coletiva para resistir ao racismo e ao sexismo. Imagine o quão diferente seria essa história se tivéssemos lido que, assim que Kesho entrou na sala, obviamente angustiada, sua mãe a confortou, a ajudou a reparar os danos causados à sua aparência, e então compartilhou com ela a necessidade de confrontar (talvez não naquele momento, pois dependeria de seu estado psicológico se ela teria ou não condições emocionais de lidar com um enfrentamento) as alunas brancas racistas que a agrediram. Então Kesho teria aprendido, aos treze anos, que seu bem-estar emocional era tão importante quanto a luta coletiva pelo fim do racismo e do sexismo — que, de fato, essas duas experiências estão conectadas.

Muitas entre nós aprendemos a negar nossas necessidades íntimas enquanto desenvolvemos a capacidade de enfrentar e confrontar na vida pública. É por isso que podemos, muitas vezes, parecer bem funcionais em nosso trabalho, mas totalmente disfuncionais em nossa vida particular. Você sabe do que eu estou falando. Sem dúvida você conhece uma mulher negra que parece bem resolvida, sob controle no trabalho, e quando você aparece de repente na casa dela para uma visita, além da sala de estar, todos os outros cômodos parecem ter sido atingidos por um tornado, tudo sujo e na mais completa desordem. Eu vejo esse caos e essa desordem como uma reflexão da psique íntima, da ausência de bem-estar. Mas até que as mulheres negras acreditem – e, espero, que aprendam ainda meninas – que o nosso bem-estar emocional importa, nós seremos incapazes de atender às nossas necessidades. Nós costumamos substituir o reconhecimento de nossas necessidades emocionais íntimas pelo desejo de controlar. Quando negamos as nossas necessidades reais, tendemos a nos sentir frágeis, vulneráveis, emocionalmente instáveis e inseguras. As mulheres negras costumam se esforçar muito para encobrir essas condições. E nós as encobrimos por meio do controle, procurando inspecionar e dominar todas as pessoas ao nosso redor. A mensagem que nos transmitimos é: "Eu não posso desmoronar porque tenho todo esse poder sobre outras pessoas".

Voltemos para a mãe na história de Kesho. E se a visão de sua filha ferida e magoada fez a mãe se lembrar de suas próprias feridas internas não tratadas? E se ela tivesse sido crítica, dura ou simplesmente má porque não queria desmoronar, chorar e parar de ser a "mulher negra forte"? Mas se ela tivesse chorado, a filha poderia ter sentido que sua dor era compartilhada, que tudo bem dizer que você está sofrendo, que não precisamos reprimir a dor dentro da gente. O que a mãe fez foi aquilo que muitas de nós vimos nossa mãe fazendo em circunstâncias similares — ela assumiu o controle. Ela estava dominando, mesmo sua postura física era dominadora. Essa mãe queria que sua presença negra feminina tivesse mais "poder" que a presença das meninas brancas.

Um modelo ficcional de cuidado maternal negro que nos mostra uma mãe capaz de responder plenamente às filhas em um momento de dor é retratado em *Sassafrass, Cypress and Indigo*, de Ntozake Shange. Ao longo do romance, as personagens negras de Shange têm sua capacidade de se autoatualizar fortalecidas por uma mãe amorosa. Mesmo que ela nem sempre concorde com as escolhas das filhas, a mãe as respeita e lhes oferece consolo. Aqui vai um trecho de uma carta que ela escreve para Sassafrass, que está "enfrentando problemas" e quer voltar para casa. A carta começa com a exclamação: "É claro que você pode vir! Você acha que poderia fazer alguma coisa que me faria deixar de amar minha menina?". Primeiro Hilda oferece amor e aceitação, castiga e então volta a expressar amor:

> Você e Cypress me deixam louca com essa vida incerta que vocês levam. Vocês, meninas, precisam parar de caçar o guaxinim pelo rabo. E eu sei que você sabe do que eu estou falando [...] Marque minhas palavras. Venha para casa e nós vamos endireitar o que se entortou na sua cabeça. Aqui tem muita coisa para fazer e se manter ocupada. E ninguém por perto para falar besteira nem tentar fazer isso. Mas não pode haver um acontecimento todos os dias. Você acorda. Come, sai para trabalhar, volta para casa, come de novo, descansa um pouco e volta para a cama. E isso é o suficiente para a maioria das pessoas. Eu fico me perguntando onde foi que eu errei. Mas, em meu coração, eu sei que não errei. Eu estou certa. O mundo está enlouquecendo e tentando levar minhas filhas junto. Certo. É isso. Eu te amo muito. Mas você está se tornando uma mulher adulta e eu sei disso também. Volte para Charleston, venha encontrar o que você perdeu. Com amor, mamãe.

Fiquei incomodada com a dificuldade de encontrar narrativas autobiográficas em que filhas negras descrevem interações amorosas com mães negras. No geral, na ficção e na autobiografia, as mães negras costumam ser mais retratadas como figuras controladoras, manipuladoras e dominadoras, que negam o amor para manter o poder. Se, como Jessica Benjamin sugere em *The Bonds of Love* [Os laços do amor], é o "reconhecimento mútuo" que perturba a possibilidade de dominação, então é possível especular que as mulheres negras que sofrem com uma falta de reconhecimento podem sentir a necessidade de controlar outras pessoas como uma forma de serem notadas, de serem consideradas importantes. Na história de Kesho, a mãe se recusa a enxergar a dor da filha. Ao apagar essa dor, ela também apaga aquela parte dela que dói. E a mensagem que ela passa é que não podemos negar a dor pela experiência do poder; nesse caso, o poder de voltar a um lugar onde você foi machucada para exigir reparação. Se as mulheres negras fossem mais amadas e amorosas, a necessidade de dominar outras pessoas, particularmente no papel de mãe, não seria tão intensa. Praticar o desapego é curativo para as mulheres negras obcecadas pela necessidade de controle, pela necessidade de estarem "certas".

Septima Clark, a grande ativista pelos direitos civis, diz que seu crescimento pessoal foi aprimorado quando ela abriu mão da necessidade de estar no controle. Para ela, isso significou desaprender sua dependência de modelos hierárquicos que sugerem que a pessoa no poder está sempre certa. Antes, ela também acreditava que as pessoas brancas sempre sabiam melhor que as pessoas negras o que era bom para o nosso bem-estar. Em *Ready from Within* [Pronta desde dentro], ela declara:

> Por ter tido uma mãe muito forte e disciplinada, que sentia que tudo o que se passava na cabeça dela estava certo, eu sentia que tudo o que se passava na minha cabeça estava certo também. Eu descobri

que precisava mudar minha forma de pensar, e, ao mudar minha forma de pensar, eu tive que deixar as pessoas entenderem que a forma delas de pensar não era a única forma.

A arte e a prática do amor começam com a nossa capacidade de nos reconhecermos, de nos afirmarmos. É por isso que tantos livros de autoajuda nos encorajam a olhar no espelho e falar com a imagem que vemos refletida. Recentemente, eu notei que trato de forma nada amorosa a imagem que vejo no espelho. Eu a inspeciono. Desde o momento em que me levanto e me olho no espelho, eu estou avaliando. E o objetivo da avaliação não é a autoafirmação, mas a crítica. E isso era uma prática comum em nossa casa. Quando nós, seis meninas, descíamos as escadas para o mundo habitado pelo pai, pela mãe e pelo irmão, nós adentrávamos o mundo da "crítica". Éramos examinadas e nos apontavam tudo o que estava errado. Raramente uma de nós ouvia uma avaliação positiva.

Substituir a crítica negativa por um reconhecimento positivo me fez sentir mais empoderada no decorrer dos meus dias. Nos afirmar é o primeiro passo para o cultivo da prática de nos amarmos intimamente. Escolho usar a frase "amar intimamente" em vez de autoamor, pois a própria noção de "eu" é inextrincavelmente ligada à forma como somos vistas em relação a outras pessoas. Em uma sociedade racista/sexista, a grande cultura não socializa as mulheres negras de forma que possamos reconhecer que nossas vidas íntimas são importantes. Mulheres negras descolonizadas devem nomear essa realidade de acordo com outras pessoas entre nós que também entendem que é vital nutrir a vida íntima. Quando examinamos nossa vida íntima, nós entramos em contato com o mundo das emoções e dos sentimentos.

Quando nos permitimos sentir, nós afirmamos nosso direito de amar intimamente. Sabendo o que eu sinto, posso entrar em contato com aquelas necessidades que sei que posso satisfazer ou nomear aquelas que só podem ser satisfeitas em comunhão ou em contato com outras pessoas.

Onde está o amor quando uma mulher negra se olha e diz: "Eu vejo dentro de mim alguém muito feia, muito escura, muito gorda, muito medrosa — alguém que ninguém amaria porque nem eu gosto do que vejo"; ou talvez: "Eu vejo dentro de mim alguém tão ferida, uma bola de dor, e não quero olhar para ela porque não posso fazer nada com essa dor". O amor está ausente. Para torná-lo presente, nós, primeiro, precisamos escolher ver a nós mesmas, olhar para aquele eu interior sem culpa ou censura. E uma vez que nomeamos o que vemos, nós podemos pensar se esse eu interior merece ou precisa de amor.

Eu nunca ouvi uma mulher negra sugerindo, em momentos de confissão em grupos de apoio, que ela não precisa de amor. Ela pode até negar essa necessidade, mas não precisa se perguntar muito para romper com essa negação. Se você perguntar diretamente à maioria das mulheres negras se elas precisam de amor — é provável que a resposta seja sim. Para dar amor ao nosso eu interior, nós devemos, primeiro, nos dar atenção, reconhecimento e aceitação. Nos deixando saber que não seremos punidas por reconhecer quem somos ou o que sentimos, nós podemos nomear os problemas que vemos. Para mim, é de grande ajuda me interrogar, e eu encorajo minhas irmãs a fazerem o mesmo. Às vezes é difícil entrar imediatamente em contato com o que eu estou sentindo, mas, quando me faço uma pergunta, a resposta costuma surgir.

Às vezes quando nos olhamos e vemos nossos tumultos e confusões internas, nós não sabemos como abordá-los.

É quando precisamos buscar ajuda. Às vezes recorro a pessoas amadas e digo: "Estou sentindo umas coisas que não entendo nem sei como lidar com elas. Você pode me ajudar?". Há muitas mulheres negras que nem podem imaginar pedir ajuda, que veem isso como um sinal de fraqueza. Essa é outra visão de mundo incapacitante que devemos desaprender. É um sinal de poder pessoal sermos capazes de pedir ajuda quando precisamos. E descobrimos que pedir o que precisamos quando precisamos é uma experiência que aumenta, e não diminui, o poder pessoal. Tente e veja. Nós costumamos esperar uma situação de crise acontecer para sermos compelidas pelas circunstâncias a procurar a ajuda de outras pessoas. Mas muitas vezes a crise pode ser evitada se buscamos ajuda quando reconhecemos que não somos mais capazes de agir bem em uma determinada situação. Para as mulheres negras viciadas em estar no controle, pedir ajuda pode ser uma prática amorosa de entrega, que nos lembra de que nem sempre precisamos estar no comando. Praticando o amor íntimo, nós aprendemos não apenas aquilo de que nossa alma precisa, mas também começamos a compreender melhor as necessidades de todas as pessoas ao nosso redor.

As mulheres negras que *escolhem* praticar pela primeira vez (note a ênfase na escolha) a arte e o ato de amar devem dedicar tempo e energia para demonstrar seu amor por outras pessoas negras conhecidas e desconhecidas. No contexto do patriarcado capitalista supremacista branco, as pessoas negras não recebem amor suficiente. E para nós que estamos passando por um processo de descolonização, é sempre emocionante ver outras pessoas negras em nosso meio respondendo a um cuidado amoroso. Outro dia mesmo T., que mencionei em outro capítulo, me disse que ela fez questão de entrar em uma loja local e cumprimentar calorosamente um homem negro mais velho que trabalha lá. Recentemente, ele quis saber o nome dela e a agradeceu pelo reconhecimento que ela demonstrou a ele. Alguns anos atrás, quando estava atolada em auto-ódio, T. não teria tido a "disposição" de demonstrar reconhecimento para aquele homem. Agora, T. estende a ele o nível de reconhecimento, de cuidado, que ela espera receber de outras pessoas negras quando está aí pelo mundo.

Na minha infância, recebi um "amor incondicional" de mulheres negras que me demonstravam, por seus atos, que o amor não precisa ser obtido. Elas me ensinaram que eu merecia o amor; o cuidado delas nutriu meu crescimento espiritual. Howard Thurman, um teólogo e místico negro, nos ensina que precisamos nos amar sem julgamentos. Explicando isso em um ensaio sobre o trabalho de Thurman, Walter Fluker escreve:

> Segundo Thurman, dentro de cada indivíduo há uma necessidade básica de receber cuidado e compreensão nas relações interpessoais em um ponto que vai além de tudo o que é bom e mau. Na experiência religiosa, essa necessidade íntima de amor é preenchida no encontro com Deus e na relação com outras pessoas, quando o indivíduo se afirma e se torna consciente de que está sendo contemplado em suas necessidades.

Muitas pessoas negras, e as mulheres negras em particular, se acostumaram tanto a não serem amadas que acabamos nos protegendo de reconhecer a dor de tal privação agindo como se apenas as pessoas brancas ou tolas quisessem ser amadas. Quando eu disse para um grupo de mulheres negras que era meu desejo que existisse um mundo onde eu pudesse sentir o amor, onde eu pudesse sentir que estou dando e recebendo amor toda vez que saísse de casa, elas riram. Para que esse mundo exista, o racismo e todas as outras formas de dominação teriam que mudar. À medida que dedico a minha vida ao trabalho pelo fim da dominação, eu ajudo a transformar o mundo para que seja aquele lugar de amor que eu desejo.

"Woman Poem" [Poema mulher], de Nikki Giovanni, sempre significou muito para mim porque foi um dos primeiros escritos que li que chamaram a atenção para o auto-ódio das mulheres negras. Publicado na antologia *The Black Woman* [A mulher negra], editada por Toni Bambara, o poema termina assim: "Olhe para mim, cuja vida inteira é fadada à infelicidade porque é a única coisa real que eu conheço"*. Giovanni não apenas diz nesse poema que nós, mulheres negras, somos socializadas a ser cuidadoras, a negar nossas necessidades íntimas, mas também indica até que ponto o auto-ódio pode fazer com que nos voltemos contra aquelas pessoas que se importam conosco. A narradora negra diz: "Como você ousa se importar comigo — isso não faz sentido — eu não sou merda nenhuma, você deve ser menos que isso para se importar"**. Esse poema foi escrito em 1968. E aqui estamos nós, muitos anos depois, e as mulheres negras ainda estão lutando para romper com a negação de nomear a ferida em nossas vidas e encontrar formas de nos curar. Aprender a amar é uma forma de cura. E esse aprendizado não pode acontecer se não sabemos o que é o amor.

---

* No original: *face me whose whole life is tied up to unhappiness cause it's the only for real thing i know.* [N. T.]

** No original: *how dare you care about me — you ain't got no good sense — cause i ain't shit you must be lower than that to care.* [N. T.]

Lembre-se de Stevie Wonder cantando com lágrimas nos olhos na televisão aberta: *I want to know what love is. I want you to show me**.

Sou fortalecida pela ideia do amor como uma vontade de nutrir o crescimento espiritual próprio ou de outras pessoas, pois essa vontade afirma que o amor é uma ação, semelhante ao trabalho. Para as pessoas negras, essa é uma definição importante, pois o foco não recai no bem-estar material. E embora saibamos que as necessidades materiais precisam ser atendidas, nós também precisamos focar nossa atenção nas necessidades emocionais. Nos "Provérbios", há uma adorável passagem que nos lembra: "Melhor é um banquete de ervas, onde há amor, do que o boi cevado, e com ele o ódio".

Quando, enquanto mulheres negras, experimentarmos plenamente o poder transformador do amor em nossa vida, nós testemunharemos publicamente de uma forma que desafiará as fundações das estruturas sociais existentes. Seremos mais plenamente fortalecidas para abordar o genocídio que diariamente tira a vida das pessoas negras — homens, mulheres e crianças. Quando sabemos o que o amor é, quando amamos, nós somos capazes de sondar nossas memórias e ver o passado com novos olhos; somos capazes de transformar o presente e sonhar o futuro. Esse é o poder do amor. O amor cura.

---

* Tradução: "Eu quero saber o que é o amor. Quero que você mostre para mim". Trecho de "I Want to Know What Love Is" (1984), composta por Michael L. Jones e originalmente interpretada pela banda Foreigner. Aqui bell hooks faz referência à transmissão de uma apresentação coletiva de várias personalidades musicais – entre elas, Stevie Wonder – que subiram ao palco para cantar juntas essa música, por ocasião da celebração dos cinquenta anos do Apollo Theater, no Harlem, em 1985. [N. T.]

10

DOCE COMUNHÃO

Embora esteja escrevendo em um pequeno estúdio repleto de livros, eu sinto que este livro é um projeto comunitário. Quando converso com amigas negras, as "Inhames", e digo a elas: "Está acontecendo, finalmente — estou escrevendo o livro do Inhame, vocês sabem, aquele sobre a autorrecuperação da mulher negra", elas respondem: "Já estava na hora!".

    A cada passo que dei durante a escrita deste livro, sempre estive conversando com mulheres negras apaixonadas pela recuperação, com pessoas que sentem que estão lutando para encontrar um lugar de cura. Em meio ao processo de escrita, C., que já participou de um grupo de apoio das "Irmãs do inhame" (e que se encontra em um processo depressivo prolongado desde o término de uma relação amorosa), me ligou desesperada no meio da noite, dizendo aos prantos: "É isso. Eu estou aqui sentada com cinquenta comprimidos me desafiando a engoli-los para acabar logo com isso. Eu estou tão cansada". Essa sensação esmagadora de perda e de cansaço que ouço em sua voz é muito familiar. E me lembra de que existe um "mundo de dor" dentro de nós. Isso me faz lembrar de uma conversa que tive com uma mulher negra que conheci no Sul meses atrás, que segurou minhas mãos e disse sem parar: "Tem tanta dor dentro de mim". Ouvir a luta de C. contra o desejo de simplesmente desistir me faz pensar na comunidade de cura que cerca Velma em *The Salt Eaters* e eu me pergunto se não posso ser isso — uma comunidade de cura.

Eu pergunto para C., que foi minha aluna na aula sobre escritoras negras, se ela se lembra da leitura de *Sassafrass, Cypress and Indigo* e digo que se esse livro elevou seu espírito naquela época, então ela deveria lê-lo de novo. Mas, sobretudo, eu quero lembrá-la das receitas de cura e oferecer a ela meu próprio remédio criado ali na hora para aliviar sua dor. Eu digo para ela: "Pega uma caneta. Tenta parar de chorar para conseguir escrever e começar a trabalhar nisso hoje mesmo". Minha receita é longa. Mas o último item da lista diz: "Quando você acordar e se ver em um lugar onde não há ninguém que você ama, ninguém em quem você confia, nenhuma comunidade, é hora de ir embora — fazer as malas e partir (você pode ir agora mesmo). E você precisa ir para um lugar onde haja braços que possam te abraçar, que não vão te soltar".

Nós voltamos a falar quando C. voltou a si. Eu ainda a lembro desse último remédio. Então digo: "Minha amiga, estou tentando decidir se escrevo ou não um capítulo sobre relacionamentos. Não consigo pensar em nada novo para dizer. Não quero repetir todas aquelas coisas sobre mulheres negras e solidão, sobre não ter um homem, porque nem toda mulher negra quer um homem. Você tem alguma opinião sobre o assunto?". A contribuição dela foi: "Essa coisa de homem é um saco. E, caramba, qual é o problema desses caras? Quando eles vão ver que o lance é cuidado e amizade?". Nós falamos muito, concordando que o *verdadeiro lance* era aprender a viver em comunidade. Eu compartilho que, embora me agrade a ideia de me comprometer com alguém, não acredito mais que esse relacionamento seja tudo de que preciso e que eu realmente desejo construir uma comunidade. Lembrando das mulheres negras da minha infância que trabalhavam, quase todas professoras (entre elas, algumas que tinham iniciado sua carreira em um momento histórico no qual fazer essa escolha era também escolher ser solteira, já que às mulheres casadas não era permitido lecionar), não me recordo de ouvir nenhuma delas lamentando sobre suas escolhas de vida. Na verdade, eram mulheres poderosas conduzindo uma vida plena. E embora eu saiba que, às vezes, elas se sentissem sozinhas, que não tinham crianças, elas eram mulheres que viviam em comunidade. No fundo, elas não estavam sozinhas. Já adulta, eu tive a sorte de poder voltar para "casa" e conversar com minhas professoras, cujos espíritos me guiam e me cuidam, e assim a noção que eu tenho da vida delas não é enraizada em fantasias românticas.

Vivendo em comunidade, elas encontraram formas de lidar com os vazios em sua vida. Não importava que não tivessem crianças, pois sempre havia uma criança carente em seu meio a quem elas poderiam encher de amor e cuidado. Elas tinham grupos de mulheres, geralmente dentro da igreja. E tinham suas relações românticas, sem dúvida clandestinas, mas, é claro, sempre conhecidas, como tudo é conhecido em comunidades pequenas. Há pouco mais de um ano, uma querida amiga de infância decidiu vir morar na mesma cidade que eu. Nós nutrimos e sustentamos um cuidado mútuo por muitos anos. Outro dia mesmo estávamos conversando sobre nossas vidas, nossa cidade natal, sobre as mulheres que conhecíamos lá e cujas vidas não se encaixavam na "norma". Eu perguntei para Ehrai: "Você acha que seremos capazes, um dia, de conhecer a noção de comunidade tão doce e duradoura que elas conhecem? Acha que podemos fazer isso?". E com sua sagacidade de sempre, ela respondeu: "Bom, tem eu, você e Carre (a filha dela). É um começo. Só precisamos encontrar um lugar".

Quando converso com mulheres negras comprometidas com um processo de recuperação e libertação, que se encontram em relações primárias, são mães solteiras ou moram sozinhas, eu costumo ouvir de todas nós uma preocupação de construir uma noção de comunidade. Há uns quatro anos, talvez, estive com Ntozake Shange e levantei essa questão em relação às mulheres negras: "Onde está esse lugar de cura?". Não tivemos respostas naquela noite. Agora, estou mais confiante de que a comunidade é um lugar de cura. Enquanto mulheres negras que andam juntas, ao lado de todas as outras pessoas no mundo em busca de recuperação e libertação, nós descobrimos uma vontade de sermos bem afirmadas, encontramos formas de conseguir aquilo de que precisamos para aliviar a dor, para fazê-la ir embora. Algumas entre nós são mais envolvidas em programas de recuperação estruturados, em um intenso e contínuo processo terapêutico, e outras fazem um bocado de "psicanálise caseira" (meu termo para a terapia que pessoas amigas, camaradas e amadas podem fazer juntas no dia a dia). Todas nós estamos descobrindo que a experiência comunitária é crucial para o bem-estar.

Muito do que é belo, mágico e único na cultura negra veio da experiência da vida negra comunitária. Nossas comunidades, urbanas ou rurais, foram verdadeiramente prejudicadas pelo vício. Ironicamente, muitas das drogas em que as pessoas são viciadas, como o crack e a cocaína, estimulam o individualismo e fornecem uma falsa noção de agência e de poder pessoal. Essas drogas destroem a capacidade do indivíduo de experimentar a comunidade. Quando li as considerações de Stanton Peele sobre o vício pela primeira vez, eu fiquei mais impressionada pela insistência dele de que o vício está desconectado das relações, o que me ajudou a começar a pensar como o vício em drogas prejudicou a vida negra ao afetar nossa capacidade de construir e de manter uma comunidade. Em *Love and Addiction* [Amor e vício], Peele nos oferece o pensamento de que "a antítese do vício é uma verdadeira relação com o mundo". Ao demonstrar as formas pelas quais nossa noção de relacionamento, de amor, promove o desenvolvimento de dependências nocivas, Peele chama a atenção para a necessidade de transformarmos nossas relações como as conhecemos. Reconceitualizar nossa vida relacional em termos de construir uma comunidade é uma forma de combater o padrão adicto. Peele afirma:

> Diante da interdependência de indivíduos e organizações, a eliminação do vício depende de uma mudança social básica. Mas essa mesma interdependência significa que, se trabalhamos para influenciar aquelas instituições com as quais lidamos normalmente, nós podemos fazer uma contribuição que será sentida em todo o sistema. Em particular, a família é um lugar em que qualquer indivíduo pode imediatamente ser forçado a mudar. Quando encontramos novas formas de nos relacionar com nosso pai, nossa mãe, colegas e crianças — digamos, tornando essas relações menos exclusivas e obrigatórias —, nós temos um impacto em todos os aspectos de nossa estrutura social. Quando as pessoas praticam a arte do amor em um contexto em que elas criam várias relações de confiança, há menos chance de

reproduzirmos a noção de que é "suficiente" amar apenas uma pessoa em uma relação primária.

Um dos mitos culturais mais nocivos que circula em nossa vida cotidiana é a noção de que nós podemos sair de ambientes familiares disfuncionais prontas para amar quando encontramos "aquela" pessoa especial. Quando buscamos transformar e curar todos os nossos relacionamentos, nós começamos a criar um *éthos* comunitário onde aprendemos a amar e a experimentar a intimidade. Em famílias nas quais a noção de dominação reina suprema, em que a norma é exercer o poder e o controle por qualquer meio necessário, há pouca chance de que esse seja um lugar onde as pessoas possam aprender a amar. Em *Lost in the Land of Oz* [Perdidas na terra de Oz], Madonna Kolbenschlag sugere que a crise contemporânea na vida familiar, a exposição à violência familiar, pode criar uma vontade de mudança. Ela também considera o desenvolvimento da comunidade necessário para a promoção e a sustentação dessa mudança:

> Homens e mulheres não podem resolver seus problemas relacionados ao poder, à responsabilidade e aos relacionamentos sem ajuda. É uma tarefa que nos ofusca, enquanto indivíduos, casais ou famílias nucleares. Não podemos desenvolver novos papéis e novos arranjos familiares sem apoio, sem uma comunidade afetuosa e ativa, sem, por certo, uma ordem social e uma política social que promova esses fins [...]. Enfrentar honestamente o abandono e a ausência de um ambiente social de cuidado, que é a real situação da maioria de nós, pode criar a energia para uma reestruturação criativa de nossas vidas.

> A dor é o lar da esperança — se reconhecemos verdadeiramente que somos pessoas feridas.

O foco na construção de uma comunidade necessariamente desafia uma cultura de dominação que privilegia o bem-estar individual em detrimento do esforço coletivo. A ascensão do individualismo narcisista entre as pessoas negras enfraqueceu a ênfase tradicional na comunidade. A cultura da pobreza que conduziu o desenvolvimento de uma forte ética comunal entre as pessoas negras pobres, uma ênfase no compartilhamento de habilidades e recursos, está se degradando rapidamente. Em parte, a televisão desempenha um papel significativo tanto no avanço da causa do individualismo quanto na identificação das pessoas pobres com os valores e o *éthos* da classe dominante. Quando consideramos, também, o que a feminilização da pobreza significa para a vida negra, fica evidente, de forma trágica, que as massas de mulheres negras lutam e lutarão para subsistir, para sustentar famílias com poucos ou nenhum recurso material. Diante dessa situação, as mulheres negras investem particularmente no movimento de inserir em nossas famílias, na vida negra em geral, uma preocupação renovada com a construção de comunidades.

Ironicamente, justo quando as pessoas negras precisam afirmar a importância da comunidade, quando precisamos reconstruir um *éthos* que enfatize o bem-estar coletivo, nós testemunhamos uma proliferação da falsa suposição de que, de alguma forma, a vida negra pode ser redimida com o desenvolvimento de poderosos patriarcados negros. Essa é, com certeza, a mensagem reacionária de Shahrazad Ali em *The Blackman's Guide to Understanding the Blackwoman* [O guia do homem negro para entender a mulher negra]. Todas as observações feitas em relação às famílias patriarcais brancas nos Estados Unidos deveriam indicar que reproduzir esse modelo nocivo com uma maquiagem *blackface* faria pouco para ajudar a curar a ferida da vida negra. Ao mesmo tempo que é importante chamar a atenção para as formas particulares pelas quais os homens negros são agredidos, violentados, desumanizados e massacrados nesta sociedade, nós também devemos reconhecer o quanto dessa violência é promovida pelo pensamento patriarcal. Portanto, a questão não pode ser abordada de forma significativa por pessoas negras que promovem o patriarcado.

Recentemente, em um programa televisivo focado na família negra, fiquei chocada quando ouvi um jovem diretor negro (que produziu um filme no qual a figura patriarcal de um marido oprimido assassina brutalmente sua esposa) e um congressista negro insistindo na suposição de que os homens negros não precisam de cuidados de saúde mental: "Eles precisam de emprego, precisam gastar dinheiro para ter autoestima". Intervindo, eu sugeri que não é útil para as pessoas negras que lutam para sobreviver e para se recuperar pensar em nós mesmas em termos de um ou outro. Sim! Os homens negros precisam de emprego, mas ter um emprego não significa que eles vão usar o dinheiro que ganham para cuidar da família (há muitos patriarcas empregados de todas as raças que não sustentam famílias) ou melhorar a autoestima. No entanto, há dignidade no trabalho e na capacidade de atender às nossas necessidades materiais. E precisamos ter em mente que há muitos homens, e muitos homens negros, que ganham rios de dinheiro e têm baixa autoestima, que são violentos na vida doméstica.

Romper com o pensamento patriarcal tradicional, e com a identidade masculina negativa que esse pensamento promove, permitiria que os homens negros levassem a sério sua saúde e seu bem-estar mentais. Se as pessoas negras deixarem de investir nessa noção patriarcal de que o homem "de verdade" não precisa cuidar de sua vida emocional e de seu bem-estar psíquico, nós podemos começar a criar estratégias de mudança social que melhorariam a vida do homem negro e, como consequência, a vida de todas as pessoas negras. À medida que mais homens negros se tornem críticos em relação ao sexismo e busquem reconstruir a masculinidade, nós veremos uma mudança na qualidade de vida do homem negro. Uma das trágicas implicações das comunidades negras que abraçam o trabalho de Ali é sua promoção do pensamento patriarcal que atribui às mulheres negras a responsabilidade pelo bem-estar dos homens negros. Haki Madhubuti, escritor e editor negro, identifica corretamente esse livro como um "guia sem fim para relações não funcionais". Ele afirma ainda: "É um chamado para o retorno ao patriarcado inquestionável e acrítico, o retorno ao rei negro mítico. É um chamado para pôr e manter as mulheres negras em seu 'lugar', que é definido pelos homens negros". Ainda assim, muitas mulheres negras que internalizaram o pensamento sexista tentam adaptar seu comportamento ao modelo promovido pelo livro de Ali.

De forma alguma rompendo com as normas patriarcais brancas, *The Blackman's Guide to Understanding the Blackwoman* exalta as virtudes da mulher submissa e dominada. As mulheres negras que se sentem "culpadas" pela dor e pelas feridas dos homens negros nesta sociedade são vulneráveis ao tipo de pensamento que sugere que não apenas somos responsáveis por essa dor, mas que somos capazes de melhorar a vida sendo submissas. Infelizmente, essa suposição intensifica nossos problemas, pois é uma falsa avaliação de todos os fatores que contribuem para a dor na vida negra, particularmente em relação aos homens negros. A autorrecuperação negra coletiva, e a autorrecuperação das mulheres negras em particular, deve contar com uma dimensão feminista se as mulheres negras desejam nomear de forma precisa os fatores e as forças de dominação que prejudicam a vida negra. Até que as massas de mulheres negras entendam o que é o sexismo e as formas pelas quais o sexismo conduz à degradação e à desvalorização da feminilidade negra e da vida negra, não haverá nenhum entendimento coletivo das formas pelas quais o patriarcado, a misoginia e a dominação masculina – que ameaçam a vida e atuam como forças destrutivas – devem ser desafiados e mudados.

Não conheço mulher negra alguma que esteja envolvida em um processo de autorrecuperação que também não esteja comprometida com o gesto de repensar as atitudes sexistas em direção às mulheres que são normas nesta sociedade. Embora muitas dessas mulheres não se considerem "feministas", elas usam o pensamento feminista para inspirar e afirmar mudanças que estão realizando em sua vida pessoal. Quando assistem a *Mais e melhores Blues*, o filme de Spike Lee, mulheres negras de todas as idades ficam chocadas com o retrato da heterossexualidade negra que esse filme exibe. Lee apresenta a imagem convencional da mulher negra dominante e o homem negro criativo que é vencido tanto por ela quanto pela sociedade. Ainda que o "herói" negro, no fim, recorra a uma mulher negra, implorando que ela "salve a vida dele", essa visão é tão limitada que não nos oferece nenhuma possibilidade de mudança redentora. As mulheres negras tentaram por anos salvar a vida dos homens negros. Permanecemos em relações destrutivas tentando segurar tudo. E uma das lições mais significativas que a autorrecuperação nos ensina é que a aceitação individual da responsabilidade pela mudança, pelo gesto de "salvar" a vida de alguém, é o que conduz à transformação. É por isso que, independentemente da grandeza dos poderes de cura das mulheres negras mais velhas em *The Salt Eaters*, elas só podem curar Velma se for do desejo dela estar bem.

Quando os homens negros atuam contra o pensamento racista/sexista que os condiciona a desvalorizar a própria vida e escolhem trabalhar pela autorrecuperação, as mulheres negras podem afirmar esse processo sem serem seduzidas a se envolver em relações codependentes e improdutivas. Uma vez que nós, enquanto mulheres negras saudáveis, não nos vemos em competição com os homens negros, é nosso desejo compartilhar com eles a alegria da recuperação e ansiar por momentos de recuperação mútua. De forma significativa, os gays negros estão na dianteira dos grupos masculinos mais preocupados em repensar a masculinidade, em abandonar velhos paradigmas sexistas e mudar a forma como eles se relacionam com as mulheres negras e uns com os outros.

Quando pensamos na autorrecuperação negra coletiva em termos comunitários, nós temos um paradigma de bem-estar que não reproduz o heterossexismo que é a norma nesta cultura. Trabalhar pelo fim da homofobia, de fato, é crucial para a nossa autorrecuperação. Em comunidades negras verdadeiramente afirmativas, há lugar para todas as pessoas negras em nossa diversidade de necessidades, desejos, práticas e comprometimentos sexuais. As comunidades negras tradicionais, embora homofóbicas, não negaram nem esconderam a contribuição das pessoas negras gays. O filme *Perigosamente Harlem* retrata um profundo laço entre um homem negro heterossexual e um homem negro gay, mostrando que a sua noção de comunidade e parentesco afirma a vida. Esse retrato nos lembra das formas pelas quais as comunidades negras tradicionais não se inseriram nas políticas de inclusão e exclusão que têm se tornado mais que a norma agora que assimilamos as noções da cultura dominante daquilo que é apropriado. Em seus escritos de ficção e não ficção, Toni Morrison trabalhou de forma consistente para criar a consciência de que essas comunidades existiram, que foram caracterizadas pelo modo como a "diferença" era bem-vinda e aceita, por uma franqueza e generosidade de espírito que definia o sistema de valores subjacente que moldava as relações humanas. Nós podemos aprender modelos progressistas de organização social estudando o passado, observando essas comunidades negras.

Apesar da ênfase na ascensão racial e no orgulho negro, essas comunidades não se engajaram em um nacionalismo limitado baseado nas políticas de dominação e de exclusão. Pessoas brancas, e quaisquer "outras", que quisessem encontrar um espaço nessas comunidades não eram rejeitadas. Em vez disso, elas eram ensinadas a viver com e entre as pessoas negras, no espírito da verdadeira comunidade. Essas comunidades negras tradicionais são similares àquelas que o monge budista Thich Nhat Hanh chama de "comunidades de resistência". Eram lugares onde as pessoas negras podiam conservar nossa noção de completude e de integridade. Nhat Hanh nos ensina que "as comunidades de resistência devem ser lugares onde as pessoas podem se voltar para si mesmas com mais facilidade, onde as condições são tais que as pessoas podem se curar e recuperar sua completude". Hoje, as pessoas negras precisam desesperadamente dessas comunidades.

Historicamente, as mulheres negras foram totalmente engajadas na construção de comunidades de resistência. O pensamento sexista dos homens negros pode ter habitado sem envolvimento, mas não as fez desistir. As mulheres negras contemporâneas em busca de autorrecuperação podem renovar nosso comprometimento na construção de comunidades de resistência levando esse legado adiante. Essa prática pode começar em casa. Thich Nhat Hanh diz que o propósito da resistência é "buscar a cura de si a fim de ser capaz de ver claramente". Ele nos ajuda a entender que os ambientes em que vivemos determinam e influenciam nossa capacidade de cura:

> Um pagode, um templo, uma igreja são construídos de forma que, quando entramos nesses lugares, nos curamos, entramos em contato com a realidade absoluta, com Deus, com Buda, com o estado de Buda. E é por isso que a cura do eu é vista na arquitetura, na arte decorativa, na música sacra, em muitas coisas do tipo. Então, quando você vai à igreja ou ao templo, essas coisas nos auxiliam no retorno a si. Penso que nossas comunidades de resistência deveriam ser construídas como uma igreja ou um templo, onde tudo o que vemos expressa a tendência de sermos o que somos, de nos voltarmos para nós, de entrarmos em comunhão com a realidade.

Na vida negra, nossos lares podem ser esses lugares, seja qual for a nossa classe social. Não precisamos de rios de dinheiro para criar ambientes que são, para usar as palavras de Nhat Hanh, "belos, curativos, revigorantes tanto no ambiente quanto na substância".

Em alguns dos capítulos anteriores, eu chamei a atenção para a forma como a nossa noção de comunidade é aprofundada quando amamos a nós mesmas e umas às outras. As mulheres negras costumam ser muito críticas entre si. Nós entendemos que essa prática de criticar duramente tem raízes culturais, mas cria discórdia e desgosto entre nós. Desaprender a necessidade de julgar outras pessoas de forma mal-intencionada é crucial se quisermos criar comunidades amorosas e lugares de cura. Thich Nhat Hanh faz esta contribuição ao nosso pensamento sobre a construção de comunidades: "Não julgue outras pessoas tão facilmente, tão imediatamente, em termos de ideologia, de ponto de vista, de estratégias, e assim por diante. Tente enxergar a pessoa real, aquela que vive ao seu lado. Você pode descobrir aspectos que enriquecerão você. É como uma árvore na qual se pode buscar abrigo". Quando trabalhamos juntas para construir comunidades que promovam uma noção de parentesco que vai além de laços de sangue ou vínculos de amizade, nós expandimos nossos horizontes. Quando as comunidades de resistência forem a norma em todos os âmbitos da nossa vida, nós não vamos carecer de círculos de amor e de lugares de cura.

Essas comunidades de resistência podem surgir tanto em torno de nossos esforços pela autorrecuperação pessoal quanto em torno de nossos esforços de organização coletiva em prol de mudanças sociais. Na luta, nos aproximamos. O movimento pelos direitos civis é um ótimo exemplo da forma como trabalhar para transformar a sociedade pode adoçar e fortalecer laços comunitários. Embora eu tenha enfatizado a importância de se trabalhar individualmente a autoatualização, nós aprendemos sobre nós mesmas e testamos nossos valores em práticas ativas com outras pessoas. É sempre necessária a escolha de ser uma pessoa autoatualizada para então trabalhar na construção de comunidades de resistência particularmente focadas em interesses sociais e políticos.

Organizações como o Black Women's Health Project [Projeto Saúde da Mulher Negra], que começaram com pequenos grupos de mulheres negras que se reuniam e então se expandiram, tornando-se organizações nacionais, mostram o poder de nossa união, que nos permite servir umas às outras coletivamente. Pequenas editoras, como a

Kitchen Table: Women of Color Press, são outro exemplo de formas pelas quais movemos nossa busca individual por autorrecuperação para uma arena mais ampla. De maneira significativa, nós podemos iniciar esse processo seja lá onde estivermos. Os grupos de apoio "Irmãs do Inhame" começaram no meu escritório, então passaram para os dormitórios e por fim começamos a nos reunir em nossas casas. Focadas em nossas preocupações pessoais, nós conectávamos essas preocupações a questões institucionais. Nenhum nível de autoatualização pode, por si só, contemplar as pessoas marginalizadas e oprimidas. Nós devemos nos unir às lutas coletivas, às comunidades de resistência que nos conduzem para fora, para o mundo.

11

A ALEGRIA DA RECONCILIAÇÃO

> *Ao longo dos anos, meu receio não foi apenas perder minha mãe e outros membros da família, mas também pessoas poetas, cantoras, filósofas, profetas, ativistas políticas. E muitas delas nós perdemos, às vezes, por uma enfermidade, acidente ou doença; às vezes, para o assassinato. Mas eu descobri que, onde há união espiritual entre as pessoas, o amor que sentimos por elas mantém o círculo ininterrupto, conserva a força dos laços entre nós e as pessoas, vivas ou mortas. Talvez essa seja uma das manifestações do céu na terra.*
>
> **Alice Walker, *Living by the Word* [Vivendo pela palavra]**

A cura das feridas internas torna a reconciliação possível. Reconciliação é uma das minhas palavras favoritas, pois evoca a nossa capacidade de restaurar a harmonia daquilo que foi rompido, partido e interrompido. Na minha vida, a própria palavra serve como um lembrete constante de que nós podemos nos unir às pessoas que nos feriram, àquelas a quem causamos alguma dor, e experimentar uma doce comunhão.

Para ficarmos em paz, nós, mulheres negras, sobretudo aquelas entre nós que foram profundamente feridas, devemos abandonar todo o ressentimento que conservamos em nosso interior. O ressentimento é como um veneno. É quanto, dentro de nós, o ressentimento se espalha até para aquelas partes do eu que nos permitem sentir alegria e um espírito de celebração. Mas muitas de nós escolhem se agarrar à dor cultivando o ressentimento e um coração rancoroso. Nos agarrarmos à dor por meio do ressentimento pode também ser uma forma de manter nosso apego a indivíduos que não deveriam mais estar no controle de nossa vida, mas continuam a fazê-lo porque nosso ressentimento permite. Por exemplo, mulheres negras casadas há muito tempo com homens que abusam psicologicamente delas muitas vezes se tornam obcecadas por permanecer no centro desse drama negativo. O ressentimento e o ódio mantêm viva sua conexão com o parceiro, mantêm o drama em andamento. Ainda que seja uma situação dolorosa, cada parte delas se apega a esses sentimentos. Quando não nos reconciliamos com as pessoas que nos magoaram, geralmente é um sinal de que não nos reconciliamos com nós mesmas. Quando nos oferecemos amor e paz, nós podemos oferecer esses presentes para outras pessoas. De fato, é impossível viver uma vida de amor enquanto esperamos que o mal e a mágoa atinjam outras pessoas.

 Ao longo de nossa história nos Estados Unidos, as pessoas negras sofreram muito, e ainda assim, coletivamente, nos momentos históricos em que o nosso sofrimento foi mais intenso, nós praticamos a arte da compaixão e do perdão. Me parece que as pessoas negras mais sábias e velhas sabiam que a nossa paz interna, nossa capacidade de conhecer a alegria enquanto povo, estavam intimamente ligadas à nossa capacidade de abandonar o ressentimento e de perdoar. *Motherwit*, a autobiografia oral da parteira negra sulista Onnie Lee Logan, que dedicou a vida a trazer crianças negras e brancas ao mundo em segurança, compartilha essa sabedoria em suas páginas. Compartilhando memórias da dor causada pela escravidão passadas de geração em geração em sua família (a srta. Onnie nasceu no início dos anos 1900), ela nomeia essas mazelas enquanto evoca a necessidade de as pessoas negras abandonarem o ressentimento:

> E passamos por tudo isso como que descansados. Nenhuma maledicência habitava nosso coração, nossa cabeça, nada. Vivíamos como se deve. Não guardei nenhum ressentimento. Fico feliz que Deus tenha me guardado. Sou tão feliz que nem sei mais o que gostaria de fazer. Sabe por quê? Vale a pena. É verdade que as pessoas brancas nos fizeram mal. E quer saber? A maioria sabe disso. Admite isso. E muitas que não admitiriam sabem disso também. Mas muitas admitem. Deus não deixou isso me afetar muito e estou feliz porque, se a sua cabeça se apega a isso, você não consegue fazer mais nada.

Esse trecho deixa claro que a srta. Onnie não via a necessidade de perdoar ou de sermos compassivas como um sinônimo de deixar de responsabilizar as pessoas por seus erros. Em seu papel histórico de cuidadoras, as mulheres negras praticaram a arte da compaixão e sabiam que o perdão não apenas aliviava a dor no coração, mas tornava o amor possível.

Esse poderoso legado, passado de geração em geração por mulheres negras cuidadoras, foi prejudicado pelas lutas negras por libertação contemporâneas que desvalorizaram o legado dessas mulheres. A incapacidade da luta pela libertação negra dos anos 1960 de pôr um fim no racismo e transformar fundamentalmente esta sociedade criou muito desespero na mente e no coração das pessoas negras. Muitas de nós deixamos de acreditar que haveria uma mudança real. E houve uma grande explosão de ressentimento e ódio em direção às pessoas brancas (conservadoras e progressistas) que se mostraram relutantes em se despir da supremacia branca e resistir plenamente ao racismo. Esse ressentimento se conservou na psique coletiva das pessoas negras e envenena as relações que mantemos entre nós.

Compelidas pelo desejo de forjar a luta militante contra a dominação racista, muitas pessoas negras sentiram que tínhamos de descartar a ideia de que era importante amar as pessoas inimigas e perdoar. Esses valores passaram a ser vistos por muita gente como sinais de fraqueza. Esse pensamento era fundamentalmente equivocado. Em seu poderoso sermão em oposição à Guerra do Vietnã, "A Time to Break Silence" [É tempo de romper o silêncio], Martin Luther King nos lembrou de que necessitávamos de "uma genuína revolução de valores" que permitiria a todas as pessoas se oporem, no âmbito da militância, à opressão em âmbito local e mundial sem abandonarmos nossa capacidade de amar. Apelando para o desenvolvimento de uma lealdade universal à comunidade mundial, King fala do amor como uma força revolucionária e empoderadora:

> Esse apelo por uma irmandade mundial que eleve a preocupação com o próximo independentemente da tribo, raça, classe e nação é, na realidade, um apelo por um amor irrestrito e incondicional por todos os homens. Esse conceito tantas vezes incompreendido e mal interpretado — tão prontamente descartado pelos Nietzsches do mundo como uma força débil e covarde — se torna agora uma absoluta necessidade para a sobrevivência do homem. Quando falo de amor, eu não estou falando de uma resposta sentimental e enfraquecida. Eu falo daquela força que todas as grandes religiões viram como o supremo princípio

unificador da vida. O amor é, de alguma forma, a chave que abre a porta que conduz à realidade última. Essa crença hindu-muçulmana-cristã-judaica-budista na realidade última é lindamente resumida na primeira epístola de São João: "Amemo-nos uns aos outros; porque o amor é de Deus; e todo aquele que ama é nascido de Deus e conhece a Deus. Aquele que não ama, não conhece a Deus; porque Deus é amor. Se amamos uns aos outros, Deus habita em nós, e o seu amor é aperfeiçoado em nós".

Cultivar o amor foi edificante para o espírito das pessoas negras. E, ao fazê-lo, nós nutrimos nossa capacidade de perdoar, de sermos pessoas compassivas. Fechar as portas do eu que poderia ser compassivo com as pessoas brancas também significou fechar as portas que nos permitiriam demonstrar compaixão entre nós.

A compaixão é baseada na compreensão. Quando analiso criticamente a vida do meu pai e da minha mãe, tudo o que sofreram e suportaram, as muitas formas pelas quais não receberam o cuidado amoroso e terno que deveriam ter recebido por direito, eu não sou capaz de ter raiva ou ressentimento. Eu compreendo meu pai e minha mãe e as forças que fizeram meu pai e minha mãe serem quem são. E essa compreensão me permite sentir compaixão, permite que eu deixe de lado toda a vontade de atribuir culpa. Nossa capacidade de perdoar sempre nos permite entrar em contato com a nossa própria agência (que é o poder de agir por nós mesmas para mudar uma situação). As pessoas negras escravizadas claramente entendiam a necessidade de permanecer em contato com aqueles aspectos do eu que as permitiam experimentar sua agência. Sem agência, nós caímos na passividade, na inércia, na depressão e no desespero.

Em *Paz, amor e cura*, Bernie Siegel afirma que as "pessoas podem aprender o desamparo quando viveram repetidas experiências de serem incapazes de modificar circunstâncias externas por meio do esforço próprio", sentindo, como resultado, "um tipo de fatalismo que será aplicado a todos os eventos que venham a acontecer em sua vida". Eu creio que agora, mais do que em qualquer outro momento de nossa história, as pessoas negras são vitimizadas por um desamparo aprendido, e que renovar nossa capacidade coletiva de conhecer a compaixão, de perdoar, seria uma cura para o nosso espírito e restauraria, em muitos casos, uma noção perdida de agência.

Quando nós, mulheres negras, nos recuperamos totalmente e exercitamos nosso desejo de ser compassivas, de perdoar, esse desejo tem um impacto curativo na vida negra. O sexismo do movimento Black Power dos anos 1960 desvalorizou as contribuições afirmativas e necessárias que as mulheres negras fizeram para a luta pela libertação, e isso gerou não apenas um grande desespero nas mulheres, mas também uma raiva contida. Muitas mulheres negras guardam dentro de si uma raiva intensa pelos homens negros que não ajudam a melhorar a vida delas. Por certo, essas são as mulheres que mais internalizam as suposições sexistas de que é responsabilidade dos homens sustentar e prover. Na verdade, essa responsabilidade é mútua e deve ser compartilhada.

À medida que nós, mulheres negras, passarmos a agir coletivamente de forma compassiva em relação a nós mesmas, nós também seremos capazes de oferecer uma compaixão mais amorosa aos homens negros. Essa compaixão será baseada no entendimento de toda a experiência dos homens negros e não será o tipo de simpatia negativa que se expressa quando as mulheres negras agem como se nós, de alguma forma, tivéssemos que "ter pena" dos homens negros "porque eles simplesmente não conseguem". Se todas as pessoas negras liberassem coletivamente todos os ressentimentos que guardamos entre nós, nossa força espiritual seria largamente renovada.

A compaixão e o perdão possibilitam a reconciliação. A compaixão combina a capacidade de simpatizar com a angústia da outra pessoa e o desejo de aliviar essa angústia. Quando nós, mulheres negras, aprendermos a aliviar a angústia que sentimos, nossa capacidade de nos dar generosamente para outras pessoas (não como mártires abnegadas) será fortalecida. Então, nós não teremos mais a necessidade de controlar e prender outras pessoas a nós, sempre lembrando-as do que fizemos por elas. Em vez de ver o cuidado como algo que nos diminui, nós experimentaremos o tipo de cuidado que enriquece quem cuida. Quando nos sentimos como mártires, nós não podemos desenvolver a compaixão, pois a compaixão exige que sejamos capazes de sair de nós mesmas para nos identificar com outra pessoa. A compaixão é fundamentalmente baseada em nossa capacidade de ter empatia.

Minha compreensão do caminho da compaixão foi aprofundada pelos ensinamentos do monge budista e ativista pela paz vietnamita Thich Nhat Hanh. Em *Peace Is Every Step* [Paz é cada passo], ele nos ensina sobre a "compreensão" compartilhando a história de um irmão que vai despertar a irmã certa manhã. Ela responde com hostilidade. Antes que seu irmão possa retribuir na mesma moeda

> ele se lembra de que, durante a noite, sua irmã tossiu muito e se dá conta de que ela deve estar doente. Talvez ela tenha se comportado tão mal por estar resfriada. Nesse momento, ele compreende e sua raiva se

esvai por completo. Quando compreendemos, somos incapazes de deixar de amar. Não conseguimos sentir raiva. Para desenvolver a compreensão, nós precisamos praticar o gesto de olhar para todos os seres vivos com os olhos da compaixão. Quando compreendemos, somos incapazes de deixar de amar. E quando amamos, nós naturalmente agimos de uma forma que pode aliviar o sofrimento das pessoas.

Julgar as outras pessoas, presumindo que sabemos por que elas fazem o que fazem, impede a nossa capacidade de conhecer a compaixão. Nós, mulheres negras, costumamos nos julgar duramente. Cultivar a nossa capacidade de empatia nos permitiria aprofundar nossos laços umas com as outras.

Nós não costumamos perceber que as mulheres negras que competem conosco ou que nos tratam com desprezo podem estar necessitadas do cuidado de uma irmã e de reconhecimento. Se não olharmos além da superfície e vermos o que se encontra embaixo, não seremos capazes de entregar umas às outras a compreensão compassiva de que também necessitamos em nosso dia a dia. Para nós, é importante nos lembrarmos de que mesmo o gesto mais trivial pode ter um impacto significativo e transformador na vida de alguém.

Fiz uma fala recentemente, e embora houvesse muitas pessoas chegando, uma mulher negra desacompanhada chamou minha atenção. Quando ela encontrou um lugar, fui até lá cumprimentá-la. Semanas atrás, recebi um bilhete dela. No bilhete, ela escreveu: "Fiquei espantada com seu gesto de afeto espontâneo. Vai levar um tempo para eu internalizar totalmente as lições de relação e irmandade que esse gesto me ensinou". Irmãs, nós precisamos nos perguntar como recebemos umas às outras no dia a dia, se nos parece estranho, esquisito ou fora do comum demonstrar estima e reconhecimento umas às outras.

É significativo que estejamos sempre competindo entre nós, com outras mulheres negras que sequer conhecemos. As raízes dessa competição, mais uma vez, se relacionam ao sentimento de que somos invisíveis, compartilhado pela maioria das mulheres negras. E de que, quando visíveis, nós competimos pela vaga da "única mulher negra a quem se permite reconhecimento aqui" construída pelo racismo e pelo sexismo. Para resistir a essa socialização, nós precisamos cultivar a compaixão enraizada na consciência vigilante do impacto positivo e afirmativo que a nossa presença pode causar umas nas outras. Uma vez cientes de que somos feridas, uma vez que sabemos, em nosso coração, que o racismo e o sexismo ferem, que muitas de nós andam por aí cercadas por um muro para se afastar de ainda mais dor, então esse conhecimento deveria criar uma consciência, e essa consciência deveria aprofundar nossa compaixão.

Se as mulheres negras enxergam um mundo a partir de uma perspectiva convencional e negativa que nos faz acreditar que há pouco para nós e que devemos brigar para conseguir nossa parte, então somos incapazes de realmente amar umas às outras. As mulheres negras que enxergam o mundo como um grande sistema de rendimentos decrescentes só podem sentir um medo constante de que o ganho de outra pessoa signifique que elas sofrerão privações. Esse modo de pensar reflete o crescimento geral do narcisismo cultural e de noções estreitas de individualismo que ameaçam a vida das pessoas negras porque precisamos de um comunalismo ético para viver com dignidade e integridade. E as mulheres negras devem estar dispostas a desempenhar um papel central na comunicação desse fato para o mundo.

Ao mesmo tempo, em nossos papéis como mães, ou como "pretensas" mães (pessoas como eu que não têm vínculos sanguíneos com uma criança, mas que, com alegria, ocasionalmente adotam e cuidam de crianças), nós podemos fazer muito para transformar a violência e a dor na vida negra, entregando paz e compreensão, demonstrando compaixão.

Ontem mesmo falei com uma mãe trabalhadora que expressou uma preocupação com o "ódio" que ela ouvia na voz de suas crianças quando elas falavam entre si. Eu sugeri que ela falasse de forma sincera com elas sobre a importância de as pessoas negras se tratarem bem, sobre os laços de amor que fazem de nós uma família. Eu a encorajei a gravar as conversas das crianças para que elas pudessem ouvir como falam entre si e interpretar o que isso significa para elas. Feito isso, eu pensei, ela poderia criar recompensas para elas por uma mudança de comportamento.

Individualmente, quando praticamos o perdão na nossa vida, nós livramos nosso espírito de uma desordem negativa e libertamos nossa alma. Como Arnold e Barry Fox sugerem em *Wake Up! You're Alive* [Acorde! Você está vivo]:

> O perdão é um sentimento glorioso que nos liberta. Mas, ainda que carregue o sentimento do perdão em seu interior, você deve dizer as palavras "eu te perdoo" em voz alta. Isso é vital. As palavras, em certo sentido, afirmam um significado oculto [...]. O perdão ensina o seu subconsciente a banir sentimentos negativos da sua mente. Quando você diz "eu te perdoo" para alguém, você também está se dizendo "eu quero estar bem".

O desejo genuíno de mudar o mundo cultivando a compaixão e a vontade de perdoar nos tornaria mais capazes de resistir vigilantemente à opressão e à exploração, de nos engajar alegremente na luta de oposição. Sei que entre nós há pessoas que receiam que perdoar demais diminuiria de alguma maneira nossa capacidade de manter a resistência. Mais uma vez, eu acho importante nos lembrarmos de que perdoar não significa deixar de identificar erros de forma assertiva, responsabilizar as pessoas e exigir justiça. É por causa da nossa capacidade de praticar o "perdão" e de passar por transformações que temos a compaixão e o entendimento para ver que a verdade é a mesma para aquelas pessoas que possam parecer nossas "inimigas". Essa é a verdadeira realização da justiça — quando queremos aquilo que traz paz e que afirma a vida para todas as pessoas, e não apenas para nós mesmas.

Na minha própria vida, eu faço meditações de "perdão". Sentada em um lugar tranquilo onde não serei incomodada, visualizo a imagem de pessoas que eu sinto que me feriram ou me prejudicaram e falo com elas sobre o que aconteceu, sobre como me sinto, e expresso o perdão. Mas, sempre que posso, também considero importante expressar o perdão diretamente, por carta, telefone ou em uma conversa cara a cara. A maioria de nós que sofreu abuso sabe que é um momento de cura quando conseguimos dizer para aquela pessoa que a perdoamos ou, se ela busca perdão, quando respondemos com estima e compaixão. Às vezes, esse ato generoso possibilita a reconciliação. Muitas vezes, quando erram conosco, as pessoas se envolvem em um processo de autopunição, não mais se permitindo experimentar nosso amor e nosso cuidado. Elas podem se sentir indignas da nossa bondade. O perdão permite a restauração de uma harmonia mútua. Podemos começar de novo ou no mesmo passo, não mais separadas por qualquer erro que tenha sido cometido.

Na minha infância, minha mãe e meu pai não foram os únicos membros da família que me machucaram e me feriram; eu também fui oprimida pelas minhas irmãs e pelo meu irmão. Há mais de dez anos, uma das minhas irmãs, de quem eu nunca fui próxima, veio me visitar. E eu fiquei tão feliz com o nosso encontro, com a oportunidade de nos conhecermos, que não quis falar do passado. Ela sentiu uma forte necessidade de falar do passado e de pedir perdão pelo mal que havia me causado na infância. A doçura das ações dela foi revelada não apenas na confirmação de que aquilo de que eu me lembrava realmente aconteceu, mas na forma como o gesto dela nos deixou livres para começar de novo. Hoje, ela é uma verdadeira amiga e companheira na minha vida. E eu sei que não teríamos esse laço de irmandade maravilhoso se ela não tivesse tido a coragem de pedir perdão e se eu não tivesse tido o desejo de perdoar. Ela conseguiu ver que, de fato, eu não guardava em meu coração nenhum ressentimento em relação ao passado.

Nós precisamos perdoar de todo o coração. Se perdoamos em palavras, mas continuamos a abrigar um ressentimento em segredo, nada muda de fato. Quando o perdão acontece, quando há compaixão, a base para a reconciliação é possível. Para mim, essa é a maior alegria: quando aprendemos que não há laços quebrados que não possam ser reparados, e nenhuma dor que não possa ser aplacada.

12

TOCAR A TERRA

Eu quero viver porque a vida guarda o que é bom, o que é belo e o que é amor. Logo, desde que soube dessas coisas, eu as julguei como razões suficientes e — eu quero viver. Além do mais, por isso, eu quero que outras pessoas vivam por gerações e gerações e gerações e gerações.

— Lorraine Hansberry, *To Be Young, Gifted, and Black*

Quando amamos a terra, somos capazes de nos amar mais plenamente. Eu acredito nisso. Minha ancestralidade me ensinou. Quando criança, eu amava brincar na terra, naquele solo rico do Kentucky, que era uma fonte de vida. Antes de compreender qualquer coisa sobre a dor e a exploração do sistema sulista de parceria rural*, eu entendia que as pessoas adultas ao meu redor amavam a terra. Eu ficava com o meu avô, Pai Jerry, e olhava os campos cheios de vegetais, tomates, milho, couves, e sabia que aquele era o fruto do trabalho das mãos dele. Eu via sua expressão de orgulho quando eu demonstrava fascínio e deslumbre

---

* No original, *sharecropping*, ou "parceria rural" no português, é um conceito jurídico que contempla um tipo de contrato agrário no qual quem detém a propriedade da terra cede seu uso a uma pessoa em troca de uma parcela da produção. Historicamente, nos Estados Unidos, por meio dessa parceria, as pessoas brancas proprietárias de terras acumularam os lucros do trabalho agrícola das pessoas negras trabalhadoras, prendendo-as à propriedade por dívidas, ameaças, violência e submetendo-as à pobreza. [N. T.]

diante da mágica de tudo aquilo que crescia. Eu sabia que a horta no quintal da minha avó daria feijões, batatas-doces, couves e abóboras, que ela também andaria com orgulho entre as fileiras e mais fileiras de vegetais cultivados, nos mostrando o que a terra dá quando é cuidada com amor.

Desde o seu primeiro encontro, as pessoas nativas-americanas e africanas compartilharam um respeito pelas forças criadoras da natureza, da terra. Pessoas colonas africanas na Flórida ensinaram métodos do cultivo de arroz para pessoas fugitivas da Nação Creek, os "Seminoles". Os povos nativos ensinaram aos povos negros recém-chegados os muitos usos do milho. (O pão de milho frito que crescemos comendo passou a integrar a dieta negra sulista oriundo do mundo indígena.) Compartilhando a reverência pela terra, pessoas negras e vermelhas* ajudaram umas às outras a se lembrar de que, apesar dos modos do homem branco, a terra pertencia a todo mundo. Leia estas palavras atribuídas ao chefe Seattle em 1854:

> Como comprar ou vender o céu, o calor da terra? A ideia é estranha para nós. Se não possuímos a frescura do ar ou o brilho da água, como podemos comprar? Cada parte desta terra é sagrada para o meu povo. Toda agulha de pinheiro brilhante, toda costa arenosa, toda névoa na floresta escura, toda clareira e todo inseto e seus zumbidos são sagrados na memória e na experiência do meu povo [...]. Nós somos parte da terra e a terra é parte de nós. As flores perfumadas são nossas irmãs; o cervo, o cavalo, a

---

* No original, *red people*, termo datado. O uso do designativo *red* em referência aos povos nativo-americanos é hoje considerado pejorativo. [N. T.]

grande águia são nossos irmãos. Os picos rochosos, a seiva das campinas, o calor do corpo de um pônei e o homem — todos pertencem à mesma família.

A noção de união e harmonia com a natureza expressa aqui é ecoada em testemunhos de pessoas negras que, embora a vida no novo mundo fosse "dura, dura", descobriram que podiam estar em paz quando em contato com a terra. Na autobiografia oral da parteira Onnie Lee Logan, que viveu a vida inteira no Alabama, ela fala sobre a riqueza da vida na fazenda — cultivando vegetais, criando galinhas e defumando carne. Ela relata:

> Vivíamos uma vida feliz e confortável apesar dos tempos da escravidão. Eu não conhecia nada a não ser a fazenda, então era um lugar feliz e nós éramos felizes. [...] Não podíamos fazer mais nada a não ser sermos felizes. Aceitávamos os dias como nos chegavam e como eram. Dia após dia, não se pode dizer que tivemos algum momento difícil. Deixávamos passar. Não pensávamos em nada disso. Só seguíamos em frente. Fazíamos o que era necessário para viver bem e seguíamos.

Na sociedade moderna, desprovidas de uma noção histórica, é fácil para as pessoas se esquecerem de que as pessoas negras foram, sobretudo, gente da terra, fazendeiras. É fácil para as pessoas se esquecerem de que, na primeira parte do século XX, a maioria das pessoas negras nos Estados Unidos viviam no Sul agrário.

Vivendo perto da natureza, as pessoas negras foram capazes de cultivar um espírito de deslumbre e reverência pela vida. Cultivando alimento para o sustento e flores para agradar a alma, elas foram capazes de se conectar com a terra, estabelecendo uma conexão contínua que valorizava a vida. Eram testemunhas da beleza. Em *The Unsettling of America* [O desassentamento da América], uma importante discussão de Wendell Berry sobre a relação entre a agricultura e o bem-estar espiritual, o autor nos lembra de que, quando trabalham a terra, as pessoas encontram um lugar onde podem experimentar um sentimento de poder pessoal e bem-estar:

> Nós trabalhamos bem quando nos colocamos como companheiros das plantas, dos animais, dos materiais e de outras pessoas com quem trabalhamos. É um trabalho unificador, curativo. Esse trabalho nos despe do orgulho e do desespero e nos posiciona de forma responsável dentro da propriedade humana. E nos define como somos: não tão bons para trabalhar sem o nosso corpo, mas bons demais para trabalhar mal, sem alegria, com egoísmo ou sozinhos.

Pouco ou nenhum trabalho foi feito sobre o impacto psicológico da "grande migração" negra do Sul agrário para o Norte industrializado. *O olho mais azul*, de Toni Morrison, procura documentar ativamente a forma como a mudança do Sul agrário para o Norte industrializado feriu a psique das pessoas negras. Apartadas de um mundo natural, onde havia tempo para o silêncio e a contemplação, uma das personagens negras "deslocadas" de Morrison, srta. Pauline, perde sua capacidade de experimentar o mundo sensual ao seu redor quando ela abandona o solo sulista para viver em uma cidade nortista. Na mente dela, o Sul é associado a um mundo de uma beleza sensual mais profundamente expressa no âmbito da natureza. E de fato, quando se apaixona pela primeira vez, ela só consegue definir essa experiência evocando imagens da natureza, imagens de um mundo agrário que se aproximava da imensidão do esplendor natural:

> Quando vi o Cholly pela primeira vez, vou te contar, foi que nem aquelas cores lá de casa quando a gente era criança e foi pegar frutinhas depois do enterro, e eu botei umas no bolso do meu vestido de domingo e elas amassaram e manchou meu quadril. Meu vestido ficou todo roxo e não adiantou lavar, não saía. Nem do vestido nem de mim. Eu podia sentir aquele roxo bem fundo dentro de mim. E a limonada que mamãe fazia quando papai voltava do campo. Era gelada e meio amarela, as sementes boiavam no fundo. E aquela risca verde que os besouros de junho fizeram no vestido naquela noite que a gente saiu de casa. Tinha todas essas cores em mim. Bem quietinhas aqui.

Verem-se a si mesmas lutando para sobreviver no Norte industrializado, longe da terra, com certeza deve ter sido um choque profundo na psique coletiva das pessoas negras. O capitalismo industrial não apenas alterou a natureza da vida negra, mas também as práticas comunitárias tão centrais à sobrevivência do Sul agrário. E modificou fundamentalmente a relação das pessoas negras com o corpo. É a perda da capacidade de apreciar seu corpo, apesar de suas falhas, que a srta. Pauline sofre quando se muda para o Norte.

A motivação para as pessoas negras deixarem o Sul e rumarem para o Norte foi tanto material quanto psicológica. As pessoas negras queriam se ver livres do assédio racial manifesto que era uma constante na vida sulista e queriam ter acesso a bens materiais — a um nível de bem-estar material que não estava disponível no Sul agrário, onde as pessoas brancas limitavam o acesso às esferas de poder econômico. Evidentemente, as pessoas negras descobriram que a vida no Norte tinha suas próprias adversidades perversas, que o racismo era tão virulento quanto no Sul, que era muito mais difícil para as pessoas negras se tornarem donas de terras. Sem espaço para cultivar o alimento, para estar em comunhão com a natureza ou para mediar a inclemência da pobreza com o esplendor da natureza, as pessoas negras experimentaram uma profunda depressão. Trabalhando em condições nas quais o corpo era considerado simplesmente como uma ferramenta (como na escravidão), ocorreu uma profunda alienação entre a mente e o corpo. A forma como o corpo era representado se tornou mais importante que o corpo em si. Não importava que o corpo estivesse bem, só importava que parecesse bem.

O afastamento da natureza e o engajamento nas divisões entre mente e corpo tornou ainda mais possível para as pessoas negras internalizarem suposições supremacistas brancas sobre a identidade negra. Aprendendo a desprezar a negritude, as pessoas sulistas transplantadas no Norte sofreram tanto um choque cultural quanto uma perda de alma. Contrastando a dureza da vida na cidade com o mundo agrário, o poeta Waring Cuney escreveu este poema popular nos anos 1920, que testemunha essa conexão perdida:

> Ela não conhece sua beleza
> E pensa que sua pele escura
> Não tem glória nenhuma.
> Se pudesse dançar nua
> Embaixo da palmeira
> E ver sua imagem refletida no rio

> Ela conheceria.
> Mas não há palmeiras na rua,
> E a água da pia não reflete imagem alguma.*

Por muitos anos, e mesmo agora, gerações de pessoas negras que migraram para o Norte para escapar da vida no Sul voltaram para casa em busca de alimento espiritual, de uma cura, algo fundamentalmente ligado à reafirmação da conexão com a natureza, com uma vida contemplativa em que podíamos descansar, sentar na varanda, caminhar, pescar e caçar pirilampos. Se pensarmos na vida urbana como um lugar onde as pessoas negras aprenderam a aceitar a separação mente/corpo que possibilitou o abuso do corpo, nós podemos entender melhor a ascensão do niilismo e do desespero na psique negra. E também compreendemos que, quando falamos sobre a cura dessa psique, nós também devemos falar sobre a restauração de nossa conexão com o mundo natural.

Independentemente de onde vivemos, nós podemos restaurar nossa relação com o mundo natural tirando um tempo para comungar com a natureza e apreciar as outras criaturas que compartilham deste planeta com os seres humanos. Mesmo em meu pequeno apartamento em Nova York, eu posso parar para ouvir os pássaros cantando, encontrar uma árvore e observá-la. Nós podemos cultivar plantas — ervas, flores, vegetais. Os romances de autoria negra (feminina e masculina) que falam sobre a migração do Sul agrário para o Norte industrializado descrevem em detalhes

---

* Trecho do poema "No Images" [Imagem alguma]. No original: *She does not know her beauty/ She thinks her brown body/ Has no glory./ If she could dance naked,/ Under palm trees/ And see her image in the river/ She would know./ But there are no palm trees on the street,/ And dishwater gives back no images.* [N. T.]

a forma como as pessoas criaram espaço para cultivar flores e vegetais. Embora venha de um povo do campo que tinha "dedos bem verdes", eu sempre senti que não conseguiria plantar. Nos últimos anos, eu descobri que podia fazer isso — que muitos jardins vão crescer, que me sinto conectada à minha ancestralidade quando posso pôr sobre a mesa uma refeição feita com o alimento que eu plantei. Eu gosto especialmente de plantar couves, pois são resistentes e fáceis de cultivar.

Na sociedade moderna, também há uma tendência de não enxergar nenhuma correlação entre a luta pela autorrecuperação negra coletiva e os movimentos ecológicos que buscam restaurar um equilíbrio ao planeta por meio da mudança da nossa relação com a natureza e com os recursos naturais. Ao ignorar nossa história de vida em harmonia com a terra, muitas pessoas negras contemporâneas não veem nenhum valor no apoio aos movimentos ecológicos, ou veem a ecologia e a luta pelo fim do racismo como preocupações concorrentes. Recuperando o legado de nossa ancestralidade que sabia que a forma como tratamos a terra e a natureza determinam nosso nível de autoestima, as pessoas negras devem reivindicar um legado espiritual no qual conectamos nosso bem-estar ao bem-estar da terra. Essa é uma dimensão essencial da cura. Como Berry nos lembra:

> Só podemos nos curar restaurando as conexões perdidas. A conexão é cura. E a sociedade faz o possível para esconder de nós que a saúde é tão ordinária, tão facilmente atingível. Nós perdemos a saúde — e criamos doenças e dependências lucrativas — quando falhamos em ver as conexões diretas entre viver e comer, comer e trabalhar, trabalhar e amar. Na jardinagem, por exemplo, a pessoa trabalha com o corpo

para alimentar o corpo. O trabalho, se bem instruído, produz um alimento excelente. E dá fome. O trabalho, assim, torna o ato de comer nutritivo e alegre, e impede que a pessoa que come engorde e enfraqueça. Essa saúde, a plenitude, é uma fonte de deleite.

A autorrecuperação negra coletiva se dá quando começamos a renovar nossa relação com a terra, quando nos lembramos dos modos de nossa ancestralidade. Quando a terra é sagrada para nós, nosso corpo também pode ser sagrado para nós.

13

ADENTRANDO O ESPÍRITO

Em minha infância ferida, a escrita sempre foi um santuário para mim, um lugar de confissão, onde nada precisava ser escondido ou mantido em segredo. A escrita sempre foi um dos lugares de cura na minha vida. No fim do ensaio de William Goyen, "Recovering" [Recuperação], ele afirma: "É claro que escrever — recuperando a vida —, para mim, é uma tarefa espiritual". Como Goyen, eu acredito que a escrita é "o trabalho do espírito". Ultimamente, quando me perguntam o que me manteve em minha luta pela autorrecuperação, tenho me sentido mais disposta a falar abertamente sobre uma vida vivida em espírito, e não no passado. Em parte, tenho respondido à urgência e à necessidade que testemunhei em mulheres negras mais jovens que falam com grande incerteza e medo quando ponderam se serão ou não capazes de sobreviver às dificuldades da vida. E eu quis dizer a verdade para elas, que o que me mantém é a vida espiritual, minha crença nos espíritos divinos, naquilo que outras pessoas chamam de "poderes superiores".

A espiritualidade sustenta a maioria das mulheres negras que conheço e que estão envolvidas em processos de recuperação. Para algumas de nós, a vida espiritual é relacionada à fé cristã. Outras expandem nossos horizontes buscando expressar nossa fé em deuses, deusas ou em poderes superiores. Em *Feel the Fear and Do It Anyway*, Susan Jeffers reconhece que muitas pessoas não religiosas ficam desconfortáveis diante da ideia do espiritual. Descrevendo de uma forma clara o que se entende por esse termo, ela explica: "Quando falo do espiritual, eu falo do Eu Superior, aquele lugar interior amoroso, gentil, abundante, alegre...". Ao longo de nossa história neste país, nós, mulheres negras, nos apoiamos na espiritualidade para o nosso sustento, para renovar nossa esperança, para fortalecer nossa fé. Essa espiritualidade, muitas vezes, teve uma dimensão estreita, em que internalizamos sem questionar as visões dogmáticas da vida religiosa alimentadas por uma intensa participação em instituições religiosas patriarcais. Meu propósito aqui não é criticar as expressões mais convencionais da vida religiosa. De fato, o espiritual e o religioso não são necessariamente a mesma coisa. Minha intenção é compartilhar o pensamento de que cultivar a vida espiritual pode aprimorar o processo de autorrecuperação e possibilitar a cura de feridas. Jeffers sugere:

> Muitas pessoas parecem estar procurando alguma coisa "lá fora" para viver uma vida completa. Nos sentimos pessoas alienadas, solitárias e vazias. Não importa o que fazemos ou o que possuímos, nós nunca nos sentimos pessoas realizadas. Esse sentimento de vazio ou de intensa solidão indica que estamos fora de curso, que precisamos corrigir nossa direção. Costumamos pensar que essa correção

depende de uma nova companhia, de uma casa nova, de um carro novo, de um emprego novo ou seja lá o que for. Mas não é assim. Eu acredito que o que todas as pessoas buscam realmente é aquela essência divina dentro de nós.

Na ficção produzida por escritoras negras contemporâneas, a cura só acontece quando as personagens negras encontram o espírito divino dentro de si e o alimentam. É o caso de Avey em *Praisesong for the Widow*, de Celie em *A cor púrpura*, de Baby Suggs em *Amada*, de Indigo em *Sassafrass, Cypress and Indigo* e de incontáveis outras personagens. Para algumas delas, a espiritualidade está conectada com a fé cristã, para outras, está conectada com tradições religiosas africanas e caribenhas. E, em alguns casos, como no de Shug em *A cor púrpura*, deve haver um rompimento com o cristianismo para que uma nova espiritualidade possa surgir. Segundo Jeffers, a menos que "de forma consciente ou inconsciente toquemos aquela parte espiritual dentro" de nós mesmas, "nós experimentaremos uma insatisfação eterna". Essa mesma mensagem é transmitida na ficção produzida por mulheres negras. No entanto, as mulheres negras que estão em busca da cura querem saber de que forma podemos atualizar a essência divina em nosso cotidiano.

Viver uma vida em espírito, uma vida em que nossos hábitos nos permitam ouvir nossas vozes internas, compreender a realidade com o coração e com a mente, nos põe em contato com a essência divina. Praticar a arte de amar é uma forma de manter o contato com o "eu superior". No ensaio de Linell Cady, "A Feminist Christian Vision" [Uma visão feminista cristã], ela sugere que o divino não é um ser, mas, antes, o *unificador do ser*.

O espírito divino do amor motiva e fortalece os seres humanos, de forma que vemos mais claramente e agimos de forma mais justa, identificando o eu com aquilo que se encontra além de suas limitadas barreiras. Note a correlação entre o eu e o divino nessa visão teológica. A partir dessa perspectiva, o eu não é uma entidade substancial, completa e definida, mas uma realidade sempre envolvida no processo de criação por meio da dinâmica do amor, que altera continuamente suas fronteiras e sua identidade. Da mesma forma, o divino não é um ser perfeito e completo, antes, se trata de processos que buscam expandir e aperfeiçoar o ser.

No romance de Zora Neale Hurston, *Seus olhos viam Deus*, Janie consegue experimentar sua essência divina, primeiro, por meio da união com a natureza e então por meio da experiência do amor erótico. No entanto, ela, por fim, molda uma vida em espírito fundamentalmente enraizada em seu entendimento do valor da vida humana e da comunhão intersubjetiva que ela vivencia na unidade de toda a vida.

Tirar um tempo para nos experimentarmos na solitude é uma forma de recuperar um sentimento do divino em que podemos sentir o espírito se movimentando em nossa vida. A solitude é essencial para o espiritual porque nela nós não apenas podemos comungar com os espíritos divinos, mas também ouvir nossa voz interior. Uma forma de transformar o sentimento de solidão que toma algumas de nós é adentrar aquele espaço solitário e encontrar nele uma quietude que nos permite ouvir a voz de nossa alma. Henri Nouwen, em *Out of Solitude* [Da solidão], nos lembra da importância de atender à nossa necessidade de solitude: "De alguma forma, nós sabemos que estamos em perigo quando não temos um lugar solitário em nossa vida. De alguma forma, sabemos que, sem o silêncio, as palavras perdem seu sentido; que, sem a escuta, o ato de falar deixa de curar. De alguma forma, nós sabemos que, quando não temos um lugar solitário, nossas ações rapidamente se tornam gestos vãos".

Nós, mulheres negras, não nos concentramos o bastante em nossa necessidade de espaços contemplativos. Estamos sempre "muito ocupadas" para encontrar tempo para a solitude. Mas é na quietude que também aprendemos a estar conosco em um espírito de aceitação e paz. Então, quando retornamos para a comunidade, nós somos capazes de estender essa aceitação para outras pessoas. Se não sabemos ficar sozinhas, nós não sabemos conservar a autonomia necessária no convívio com outras pessoas. Mas muitas de nós vivem com o medo de estar só. Quando meditamos, quando adentramos a solitude e o silêncio, nós encontramos uma forma de nos fortalecer com a solidão. Ajuda muito ter dias de silêncio, um tempo que nos permita praticar o que Thich Nhat Hanh chama de "o milagre da atenção plena". Ele usa o termo "atenção plena" em referência ao ato de "manter a consciência desperta para a realidade do presente". A preocupação e o estresse geralmente nos mantêm presas ao futuro, de forma que perdemos a visão do presente, daquilo que significa estar aqui e agora. A atenção plena nos ajuda a encontrar um caminho de volta para o presente. Nossa vida é enriquecida quando conseguimos nos manter plenamente conscientes e atentas. A meditação aprimora a nossa capacidade de praticar a atenção plena e não deve ser descartada.

As mulheres negras mais engajadas na vida religiosa podem achar úteis as práticas de ficar em silêncio e orar. Em seu ensaio "Pray for Your Own Discovery" [Ore pela descoberta de si], Thomas Merton sugere que nós "buscamos

Deus perfeitamente" quando "abrigamos o silêncio" em nosso coração e "tentamos ouvir a voz de Deus". As orações nos permitem falar diretamente com Deus, com espíritos e anjos. No ato de oração, as mulheres negras que podem ter uma tremenda dificuldade de despir a alma podem encontrar um lugar para falar, para verter os desejos do nosso coração e obter uma noção de direção. As orações costumam guiar, nos conduzindo a uma consciência plena de quem somos e daquilo que devemos fazer.

Os sonhos também podem servir de guia para o espírito. As mulheres negras têm uma longa tradição de interpretação de sonhos e passaram esse dom de geração para geração. Eu cresci em um mundo de mulheres negras que levavam a sério a interpretação dos sonhos, que sabiam que os sonhos não apenas nos dizem o que precisamos saber sobre o eu, mas também nos guiam quando estamos perdidas. Mas quando fui para a faculdade, abandonei a prática de dar atenção à minha vida sonhadora. Depois, retomei essa prática, reconhecendo-a como um lugar de empoderamento. Quando precisamos de um guia ou de um maior entendimento, pode ser de grande ajuda manter um livro dos sonhos, um caderno onde anotamos nossos sonhos e nossas reflexões e pensamentos sobre eles.

Viver uma vida em espírito, independentemente de nossas práticas, pode ser de grande apoio para nós enquanto traçamos novas jornadas de vida. Muitas entre nós têm modos de vida bem diferentes daqueles que qualquer outra geração de mulheres negras conheceu. Madonna Kolbenschlag sugere, em *Lost in the Land of Oz*, que, hoje, todas as mulheres experimentarão períodos de solidão diferentes daqueles experimentados pelas gerações anteriores: "As mulheres, mais que os homens, estão testando um novo mito. Elas não têm modelos nem âncoras geracionais em que se apoiar quando experimentam uma nova história, então é um movimento assustador e solitário [...]. A mulher órfã rompeu com muitos dos antigos códigos de normalidade, mas ainda não encontrou o que poderá substituí-los". Nutrindo o nosso eu espiritual, nós podemos encontrar em nosso interior a coragem para empreender novas jornadas e o desejo de inventar novos modos de vida e novas visões do mundo. Em *The Feminist Mystic* [A mística feminista], Mary Giles nos convida a celebrar essa posição, em que nos encontramos entre o velho e o novo, e incita que nos guiemos por um amor dinâmico:

> Viver, amar e criar são uma coisa só. No viver, no amar e no criar, nós nos movemos no mistério, atentas à possibilidade, desprovidas de modelos do passado e sem indícios de um porvir. Na ausência de modelos, nós experimentamos uma liberdade absoluta, e, na liberdade, o risco, a responsabilidade e a alegria de estarmos abertas a tudo o que o momento pode nos oferecer.

Com certeza as mulheres negras em busca de autorrecuperação estão traçando novas jornadas. Embora eu tenha lido incontáveis livros de autoajuda, a maioria deles não reconhece nem mesmo a existência de pessoas negras. Para as mulheres negras, é uma nova jornada começar a escrever e a falar mais abertamente sobre aspectos da nossa realidade que não são falados.

Às vezes, eu achei muito triste escrever sobre algumas questões deste livro. E eu disse para Tanya, minha filha postiça e camarada, que eu sentia que escrever este livro iria "partir meu coração". Conversamos bastante sobre os motivos que muitas vezes impedem as pessoas que sofrem intensamente de encontrar maneiras de expressar sua angústia em palavras. Falar de certas dores também é lembrar dessas dores. E no ato de relembrar, somos chamadas a reviver, a entrar em contato com muito daquilo que omitimos ou esquecemos. Este livro não aborda tudo o que precisa ser dito. E, no entanto, muito do que eu disse aqui foi difícil de dizer. Algumas irmãs me perguntaram: "Você não tem medo de ser punida por pessoas negras por dizer coisas sobre a experiência negra que elas acham que não deveriam ser ditas?". Eu reúno coragem na minha vida espiritual, no sentimento de que, na escrita, sou chamada a testemunhar, de que essa é a minha vocação espiritual. Eu me lembro de uma passagem bíblica, em "Romanos", que diz: "E não sede conformados com este mundo, mas sede transformados pela renovação da vossa mente, para que experimenteis qual é a boa, agradável e perfeita vontade de Deus". Ler escritos inspiradores é uma parte essencial da autorrecuperação. Somos sustentadas pelos testemunhos umas das outras quando nos vemos vacilando ou caindo em desespero.

Embora eu tenha pensado em escrever este livro por anos, ele não chegava. Pensamentos, ideias e memórias habitavam dentro de mim, mas não se manifestavam em palavras. De repente, nos últimos meses, algumas mulheres negras começaram a me perguntar onde poderiam encontrar o livro das "Irmãs do inhame". E havia certa decepção quando eu dizia que o livro ainda não tinha sido escrito. Mais uma vez, foi esse sentimento de urgência que senti da parte de minhas irmãs camaradas que me fez pensar: "O momento é agora". Mas, conforme a escrita progredia, comecei a me sentir deprimida e frustrada por outros planos meus terem fracassado. Certa noite, eu estava sentada em silêncio e ouvi uma voz interior dizendo que eu devia estar aqui mesmo, na minha casa, escrevendo este livro. Então, eu me senti calma e em paz. Para mim, essa é uma manifestação do poder de uma vida em espírito. Em seu ensaio "Healing the Heart of Justice" [Curando o coração da justiça], Victor Lewis compartilha o pensamento de que, para nós, é uma necessidade enfrentar o medo e o desespero para abraçar visões curativas:

> Valorizar-nos infinitamente, com justiça, como pessoas livres de vergonha e de autorrejeição, implica o entendimento de que a totalidade da vida nos chama. Partilhando em uma comunidade amorosa e com uma visão que amplifica nossa força e anula o medo e o desespero, aqui nós encontramos uma terra sólida da qual a justiça pode fluir como uma torrente poderosa. Aqui nós encontramos o fogo que queima a confusão que a opressão acumulou sobre nós em nossa vulnerabilidade infantil. Aqui, nós vemos o que precisa ser feito e encontramos a força para fazê-lo. Para nos valorizarmos de forma justa. Para nos amarmos. Isso é curar o coração da justiça.

A proposta deste livro é colaborar com o corpo literário crescente que nos ajuda no processo de autovalorização justa e plena. Na solidariedade espiritual, as mulheres negras têm o potencial de ser uma comunidade de fé que age coletivamente para transformar nosso mundo. Quando curamos nossa ferida interior, quando cuidamos de nossa criança interior carente e em busca de amor, nós nos preparamos para integrar a comunidade de forma mais plena. E podemos sentir a totalidade da vida, pois passamos a afirmar plenamente a vida. Como nossa ancestralidade, que soube usar o seu poder ao máximo, nós compartilhamos dos segredos de cura e passamos a viver em constante alegria.

Bibliografia selecionada

ALI, Shahrazad. *The Blackman's Guide to Understanding the Blackwoman*. Filadélfia: Civilized Publications, 1989.

ANAND, Margo. *The Art of Sexual Ecstasy*. Los Angeles: Jeremy Tarcher, 1989.

ANGELOU, Maya. *I Know Why the Caged Bird Sings*. Nova York: Bantam, 1970. [ed. bras. *Eu sei por que o pássaro canta na gaiola*. Bauru: Astral Cultural, 2018.]

BAMBARA, Toni Cade. *The Salt Eaters*. Nova York: Random House, 1981.

BAMBARA, Toni Cade (ed.). *The Black Woman*. Nova York: New American Library, 1970.

BENJAMIN, Jessica. *Bonds of Love: Psychoanalysis, Feminism and the Problem of Domination*. Nova York: Pantheon, 1988.

BERRIGAN, Daniel e NHAT HANH, Thich. *The Raft Is Not the Shore*. Boston: Beacon Press, 1975.

BERRY, Wendell. *The Unsettling of America: Culture and Agriculture*. Nova York: Avon, 1977.

BEVERLY, Victoria. *Hard Times Cotton Mill Girls*. Ithaca, NY: ILR Press, 1986.

CLARK, Septima Poinsette. *Ready from Within: Septima Clark and the Civil Rights Movement*. Navarro, CA: Wild Trees Press, 1986.

CLEAGE, Pearl. *Mad at Miles*. Southfield, MI: Cleage Group, 1990.

CHISHOLM, Shirley. *Unbought and Unbossed*. Nova York: Avon, 1970.

COOLEY, Paula et al. (eds.). *Embodied Eove: Sensuality and Relationship as Feminist Values*. São Francisco: Harper and Row, 1987.

COWAN, Lynn. *Masochism: A Jungian View*. Dallas, TX: Spring Publications, 1982.

DUNBAR, Paul Laurence. *The Complete Poems of Paul Laurence Dunbar*. Nova York: Dodd, Mead & Co., 1980.

FOX, Arnold e FOX, Barry. *Wake Up! You're Alive*. Deerfield Beach, FL: Health Communications, 1988.

FOX, Matthew. "Honoring Howard Thurman", Oakland, CA: *Creation*, Vol. VIII, n. 2, mar.–abr., 1991.

FRY, Gladys Marie. *Stitched from the Soul: Slave Quilts from the Ante-Bellum South*. Nova York: Dutton, 1990.

GILES, Mary (ed.). *The Feminist Mystic*. Nova York: Crossroad, 1982.

GRUDIN, Eva. *Stitching Memories: African American Story Quilts*. Williamstown, MA: Williams College Museum of Art, 1990.

HANSBERRY, Lorraine. *To Be Young, Gifted, and Black*. Nova York: New American Library, 1969.

HAY, Louise. *The Aids Book*. Carson, CA: Hay House, 1988.

HAY, Louise. *You Can Heal Your Life*. Carson, CA. Hay House, 1987. [ed. bras: *Você pode curar sua vida*. Rio de Janeiro: BestSeller, 2018.]

hooks, bell. *Talking Back*. Boston: South End Press, 1989.

HURSTON, Zora Neale. *Their Eyes Were Watching God*. Chicago: University of Illinois Press, 1991.

JACOBS, Harriet A. *Incidents in the Life of a Slave Girl: Written by Herself*. Cambridge, MA: Harvard University Press, 1987.

JEFFERS, Susan. *Feel the Fear and Do It Anyway*. Nova York: Fawcett Columbine, 1987.

JONES-JACKSON, Patricia. *When Roots Die*. Athens: University of Georgia Press, 1987.

KEEN, Sam. *Apology for Wonder*. Nova York: Harper and Row, 1969.

KEEN, Sam. *The Passionate Life: Stages of Learning*. Nova York: Harper and Row, 1983.

KING, Martin Luther, Jr. *A Testament of Hope*. James Melvin Washington (ed.). Nova York: Harper & Row, 1986.

KOLBENSCHLAG, Madonna. *Lost in the Land of Oz*. Nova York: Harper and Row, 1989.

KÜBLER-ROSS, Elisabeth (ed.). *Death: The Final Stage of Growth*. Nova York: Simon and Schuster, 1975.

KÜBLER-ROSS, Elisabeth. *On Death and Dying*. Nova York: Macmillan, 1969.

LANE, Lunsford. "The Narrative of Lunsford Lane". *Five Slave Narratives*. William L. Katz (ed.). Nova York: Arno Press, 1968.

LERNER, Harriet Goldhor. *The Dance of Anger*. Nova York: Harper and Row, 1985.

LERNER, Harriet Goldhor. *The Dance of Intimacy*. Nova York: Harper and Row, 1989.

LOGAN, Onnie Lee, em conversa com Katherine Clark. *Motherwit*. Nova York: Dutton, 1989.

LORDE, Audre. *The Black Unicorn*. Nova York: W. W. Norton, 1978. [ed. bras.: *A unicórnia preta*. Belo Horizonte: Relicário, 2020.]

LORDE, Audre. *The Cancer Journals*. Oakland, CA: Aunt Lute, 1980.

LORDE, Audre. *Sister Outsider*. Freedom, CA: Crossing Press, 1984. [ed. bras.: *Irmã Outsider*. Belo Horizonte: Autêntica, 2019.]

LORDE, Audre. *Zami*. Freedom, CA: Crossing Press, 1982. [ed. bras.: *Zami. Uma nova grafia do meu nome. Uma biomitografia*. Belo Horizonte: Relicário, 2021.]

MADHUBUTI, Haki (ed.). *Confusion by Any Other Name*. Chicago: Third World Press, 1990.

MARSHALL, Paule. *Praisesong for the Widow*. Nova York: G. P. Putnam's Sons, 1983.

McCLAIN, Leanita. *A Foot in Fach World: Articles and Essays*. Evanston, IL: Northwestern University Press, 1986.

MERTON, Thomas. *Love and Living*. Nova York: Harcourt Brace Jovanovich, 1979. [ed. bras.: *Amor e vida*. São Paulo: WMF Martins Fontes, 2004.]

MERTON, Thomas. *New Seeds of Contemplation*. Nova York: New Directions, 1961. [ed. bras.: *Novas sementes de contemplação*. Petrópolis: Vozes, 2017.]

MOODY, Anne. *Coming of Age in Mississippi*. Nova York: Dell Publishing, 1968.

MORRISON, Toni. *Beloved*. Nova York: Alfred Knopf, 1987. [ed. bras.: *Amada*. São Paulo: Companhia das Letras, 2018.]

MORRISON, Toni. *The Bluest Eye*. Nova York: Pocket Books, 1970. [ed. bras.: *O olho mais azul*. São Paulo: Companhia das Letras, 2019.]

MORRISON, Toni. *Song of Solomon*. Nova York: New American Library, 1977.

MORRISON, Toni. *Sula*. Nova York: New American Library, 1973. [ed. bras.: *Sula*. São Paulo: Companhia das Letras, 2021.]

NHAT HANH, Thich. *The Heart of Understanding*. Berkeley, CA: Parallax Press, 1988.

NHAT HANH, Thich. *Interbeing*. Berkeley, CA: Parallax Press, 1987.

NHAT HANH, Thich. *The Miracle of Mindfulness*. Boston: Beacon Press, 1975.

NHAT HANH, Thich. *Peace Is Every Step*. Nova York: Bantam, 1991.

NOUWEN, Henri. *Out of Solitude*. Indiana: Ave Maria Press, 1974.

PECK, M. Scott. *The Road Less Traveled*. Nova York: Simon & Schuster, 1978.

PEELE, Stanton. *Diseasing of America: Addiction Treatment Out of Control*. Nova York: Houghton Mifflin, 1991.

PEELE, Stanton. *Love and Addiction*. Nova York: New American Library, 1975.

SCOTT, Kesho Yvonne. *The Habit of Surviving: Black Women's Strategies for Life*. New Brunswick, NJ: Rutgers University Press, 1991.

SHAEF, Anne Wilson. *When Society Becomes an Addict*. Nova York: Harper and Row, 1987.

SHANGE, Ntozake. *The Love Space Demand: A Continuing Saga*. Nova York: St. Martin's Press, 1992.

SHANGE, Ntozake. *Riding the Moon in Texas*. Nova York: St. Martin's Press, 1987.

SHANGE, Ntozake. *Sassafras, Cypress and Indigo*. Nova York: St. Martin's Press, 1982.

SIEGEL, Bernie. *Love, Medicine and Miracles*. Nova York: Harper and Row, 1986.

SIEGEL, Bernie. *Peace, Love and Healing*. Nova York: Harper and Row, 1989.

SINETAR, Marsha. *Do What You Love, The Money Will Follow*. Nova York: Paulist Press, 1987.

TEISH, Luisah. *Jambalaya*. Nova York: Harper and Row, 1985.

TRUNGPA, Chogyam. *Shambhala*. Boston: Shambhala Publications, 1984.

WALKER, Alice. *The Color Purple*. Nova York: Harcourt Brace Jovanovich, 1982. [ed. bras.: *A cor púrpura*. Rio de Janeiro: José Olympio, 2009.]

WALKER, Alice. *In Search of Our Mother's Gardens*. Nova York: Harvest/HBJ, 1983. [ed. bras.: *Em busca dos jardins de nossas mães: prosa mulherística*. São Paulo: Alfaguara, 2021.]

WALKER, Alice. *Living by the Word*. Nova York: Harcourt Brace Jovanovich, 1988.

WALKER, Alice. *The Temple of My Familiar*. Nova York: Harcourt Brace Jovanovich, 1989.

WHITE, Evelyn. *The Black Women's Health Book: Speaking for Ourselves*. Seattle, WA: Seal Press, 1990.

Uma entrevista com bell hooks

A editora Jill Petty entrevistou a autora e ativista bell hooks em Nova York, em junho de 2004.

✻✻

JILL PETTY: *Irmãs do inhame* foi lançado em 1993. Como o livro foi inspirado pela literatura da época?

bell hooks: *Irmãs do inhame* surgiu justamente num momento em que as pessoas estavam descobrindo as mulheres negras enquanto escritoras e leitoras, mas, na época, nós costumávamos ler mais ficções que enfatizavam várias formas de trauma na vida das mulheres negras. Tratando de estupros, incesto, violência doméstica, abusos raciais, essas histórias eram histórias de trauma. A ficção escrita por mulheres negras se transformou em um gatilho emocional que despertou muitas dores e sentimentos reprimidos e não ditos. Mas nós não podemos processar esses traumas na ficção. A ficção não serve para isso.

Por exemplo, eu me lembro de ter ido assistir a umas das primeiras apresentações da peça de Ntozake Shange, *for colored girls who have considered suicide / when the rainbow is enuf* [para as meninas negras que consideraram o suicídio / quando o arco-íris já não basta], nos anos 1970, e de ter ficado maravilhada com o nível de entrega das pessoas — as pessoas choravam muito e liberavam muito de sua angústia guardada. Eu fiquei bastante preocupada com o contexto dessa entrega. E comecei a pesquisar trabalhos de não ficção, escritos terapêuticos, literatura acadêmica e textos mais populares que realmente abordassem o trauma de formas que faziam mais que permitir a catarse, oferecendo, de fato, guias práticos para o início de um processo de cura e de autoajuda.

Hoje, nós temos livros maravilhosos sobre a saúde emocional escritos para mulheres negras e brancas. Mas, ainda assim, *Irmãs do inhame* se mantém à parte dos muitos outros livros de autoajuda de ampla distribuição. E a diferença está na conexão entre a autorrecuperação e a resistência política — essa conexão marcou *Irmãs do inhame* como um desvio radical. Seu conteúdo político diferencia o livro dessa outra literatura de autoajuda, um dos gêneros literários mais populares entre as leitoras.

JP: Você acha que o seu trabalho teve alguma ligação com a popularidade crescente do gênero, e, de fato, com a visibilidade crescente das escritoras negras?

bh: Sim, eu sinto que foi o humor da época. A fonte da literatura produzida por mulheres negras criou uma maior conscientização pública em relação à nossa vida emocional. Toni Morrison e Alice Walker escreveram livros que revelaram níveis de dor, angústia e traumas não resolvidos. Em sua obra, Audre Lorde elaborou uma análise mais íntima e autobiográfica da dor da mulher negra, focada, diretamente e de forma sincera, na saúde. E eu não acho que tenha sido uma coincidência que, mais ou menos na mesma época, nos anos 1980, o Projeto Nacional de Saúde da Mulher Negra (atualmente, Imperativo de Saúde da Mulher Negra) tenha se formado.

Então, ao longo dos anos, houve um despertar crítico nos Estados Unidos, para além das barreiras raciais, em relação à necessidade da autoajuda. Essa consciência atingiu primeiro e sobretudo as mulheres negras por causa da nossa maior vulnerabilidade. Por exemplo, nós sabemos que as mulheres negras morrem de câncer de mama muito jovens e numa taxa desproporcional. O câncer de pulmão, as doenças do coração e a Aids matam uma quantidade enorme de mulheres negras todo ano. É por isso que *Irmãs do inhame* foi uma intervenção tão crucial para tanta gente. As pessoas que leram o livro me disseram que *Irmãs do inhame* as fez lembrar de que não estavam sozinhas, que seu sofrimento era parte de uma angústia coletiva, o que também se devia ao fato de serem as destinatárias de tantos ataques políticos.

JP: Em *Irmã Outsider*, Audre Lorde diz que as mulheres negras metastizam o ódio como o pão de cada dia.

bh: Sim, um ódio absoluto. E, na cultura dominante, nós sabemos que somos atingidas por um sistema de opressões relacionadas à raça, ao gênero, à classe e à orientação sexual. Esse tem sido um dos aspectos únicos do meu trabalho — não escolher um assunto em detrimento do outro e dizer "isso é vital" ou "isso é importante", mas dizer "esse sistema nos prejudica".

Se você parar para pensar nos livros corajosos que trataram da mulheridade negra publicados nos anos 1960 e 1970, muitos deles tiveram que ter páginas e páginas lidando com a questão "Você é negra ou mulher primeiro?". Então é um alívio chegar num momento de nosso crescimento político enquanto povo, enquanto um povo afro-americano em resistência, em que as escritoras negras podem dizer que existe um sistema de dominação interligado que nos afeta a ponto de ameaçar nossa vida, e que não conseguiremos tratar da nossa vida, da nossa saúde mental e física, de forma adequada se não pudermos falar de sistemas interligados. Essa leitura cultural e política crucial da natureza da dor das mulheres negras faz de *Irmãs do inhame* um livro muito oportuno hoje.

JP: Você começa o livro analisando o racismo na mídia de massa branca e seu impacto nas mulheres negras. Você pode falar sobre as representações tóxicas das mulheres negras que estão circulando agora? O que você vê depois desses dez anos?

bh: Como consequência do meu trabalho, e do trabalho de outras pessoas como Michele Wallace, Kimberlé Crenshaw, Angela Davis, Patricia Rose e muitas outras, eu acredito que houve mudanças. Foram publicados muito trabalhos que nos ajudaram a entender melhor a forma como as forças deste país afetam as mulheres negras. O que mudou fundamentalmente foi o nosso nível de consciência. Parte do trabalho cultural incrível que as escritoras negras fizeram nos anos 1980 e 1990 foi criar uma consciência coletiva da nossa dor e do fato de que precisávamos lidar com ela e enfrentar as dores psíquicas e físicas na nossa vida. Esse estado de consciência elevado, que levou a uma ação mais construtiva em prol de nossa própria vida, ajudou as mulheres negras.

Eu falo bastante com grupos de profissionais negras — estamos em maior número agora do que dez anos atrás.

Mas, embora muitas de nós tenham passado da invisibilidade para uma grande visibilidade, conquistando uma boa renda, e não recebendo salários de fome, ainda enfrentamos condições debilitantes no trabalho. Ainda somos desrespeitadas. E como lidamos com isso? Onde está o corpo de trabalho terapêutico que nos ajuda a fazer essa transição tão difícil? Muitas de nós, incluindo eu mesma, acreditamos que, uma vez que tivéssemos acesso a posições de poder, especialmente quando chegamos no topo da subida, nós poderíamos ser mais protegidas. Pense no meu caso: quando *Irmãs do inhame* foi publicado, eu era uma acadêmica mal paga que tinha acabado de iniciar uma carreira de professora. Dez anos depois, eu me torno uma intelectual bem paga e conhecida internacionalmente. Aconteceram mudanças muito, muito grandes na minha vida. E o mesmo aconteceu com muitas mulheres negras porque as pessoas negras costumam vir da base, da base mesmo, da hierarquia de classes. Mas, quando as mulheres negras ascendem, nós vivenciamos tensões maiores do que, por exemplo, aquelas enfrentadas por mulheres brancas ou asiáticas oriundas da classe média e que ascenderam para as classes mais altas ou que solidificaram sua posição de classe. E, enquanto fazemos essas transições, muitas de nós carecem das estratégias psicológicas necessárias para manter a integridade da nossa saúde física e mental.

Parte da beleza de *Irmãs do inhame*, da qual eu não estava consciente na época, é sua ênfase real em um modelo holístico. Não é só o que acontece no seu trabalho que importa, não é só a forma como alguém fala com você no seu trabalho que importa. Mas a forma como alguém fala com você em casa. A forma como você fala com as suas crianças. Tudo isso importa. E, muitas vezes, mulheres negras de várias origens vieram até mim em minhas leituras e eventos dizendo: "Esse livro é minha bíblia".

JP: Ainda sobre as mudanças que ocorreram depois do lançamento de *Irmãs do inhame*, qual é a sua opinião sobre o impacto da cultura *hip-hop mainstream* nas mulheres negras? Por exemplo, qual é a sua opinião sobre as ativistas do Spelman College* que criticaram publicamente o clipe de "Tip Drill", do Nelly, no qual um cartão de banco é passado entre as nádegas de uma mulher negra?

bh: Uma das mulheres negras com quem eu compartilhei uma grande solidariedade na época em que escrevi *Teoria feminista: da margem ao centro* e *Irmãs do inhame* foi Beverly Guy-Sheftall, hoje em dia diretora do Centro de Pesquisa e Recursos para Mulheres do Spelman College. Desde o lançamento do livro, houve um crescimento significativo lá. Estive lá este ano e dei uma palestra memorial sobre Toni Cade Bambara. Esperávamos um público de quarenta, cinquenta pessoas, mas havia setecentas pessoas na palestra, e muitos homens entre elas. Para mim, foi uma indicação de como as pessoas negras se preocupam com questões de gênero e também indica uma maior consciência do sexismo em nossas comunidades. Nós não podemos mais dispensar o sexismo como "coisa de gente branca" ou "coisa de lésbica branca". Precisamos nos preparar e ter uma postura franca para considerar essas questões de uma outra forma.

Estar lá foi quase como testemunhar uma revolução na consciência, em comparação ao mundo do "xiu, xiu, não vamos falar sobre isso" do Spelman College uns dez anos atrás! Naquela época, se uma mulher negra era estuprada, era mais provável que ela fosse convidada a se retirar em

---

* Primeira faculdade para mulheres negras nos Estados Unidos, fundada em 1881 em Atlanta, Geórgia. [N. T.]

vez de se tomar qualquer ação contra o homem que a estuprou. Há uma consciência muito crescente no Spelman, uma consciência coletiva da necessidade de resistirmos ao sexismo e à desvalorização da mulheridade negra.

A consciência cresceu de forma significativa, mas as condições de opressão, depressão e discriminação também se intensificaram para nós. Por exemplo, temos uma maior consciência em relação à violência doméstica, mas não vemos uma grande diminuição da violência doméstica. Temos uma maior consciência sobre o incesto, mas não vemos uma queda nos casos de incesto. Na verdade, estamos vendo um contra-ataque antifeminista intensificado e uma maior rejeição pública dessas questões. Temos a retórica da consciência sem a disposição de mudar. Por exemplo, enquanto as feministas tentam incutir o abuso infantil na consciência pública, a mídia sexualiza imagens de mulheres cada vez mais jovens.

JP: Um estudo de 1998 feito pelo Centro Nacional de Estatística em Saúde mostrou que as mulheres negras eram três vezes mais propensas que os homens brancos a relatar casos de depressão e ansiedade e que elas eram as "americanas mais infelizes" da nação. E recentemente foi publicado um artigo no *Washington Post* que falou de grupos de estudos sobre autoestima sendo organizados por alunas do ensino médio por todo o país. Apesar das pesquisas históricas que sugeriram que as jovens negras eram mais saudáveis e maduras que os jovens negros ou as jovens brancas, esses estudos mostraram que as jovens negras estão adoecendo tanto quanto esses outros grupos.

Em uma outra instância, estudos do governo mostram o número e a proporção crescente de mulheres negras afetadas pelo vírus HIV e pela Aids. Em 29

estados, segundo esses estudos, uma mulher negra tinha 23 vezes mais chance de ser infectada pelo HIV do que uma mulher branca. E as mulheres negras somaram 72% dos novos casos de HIV nos Estados Unidos entre 1999 e 2002. Como você disse, existe uma maior consciência, mas a situação parece grave.

bh: Se não, mais grave ainda, e de muitas formas. Atualmente, nós vivemos em uma cultura de contradições enormes. Por um lado, as mulheres tiveram direitos sem precedentes garantidos na política pública e no âmbito dos direitos civis, mas, ao mesmo tempo, a cultura trabalha para tirar esses direitos. É um momento de caos contínuo, em que as pessoas jovens — e as mulheres jovens em particular — estão verdadeiramente confusas sobre "o que fazer". Em conversas recentes com jovens negras entre os dezesseis e os vinte anos, descobri que muitas delas são pensadoras independentes e acreditam que deveriam trabalhar, mas ainda esperam encontrar um marido rico que vai sustentá-las. Essas contradições criam um grande estresse emocional.

Outra grande diferença de que podemos falar desde a publicação de *Irmãs do inhame* é a aceitação do uso e da prescrição, em especial entre mulheres jovens talentosas de todas as raças, de alteradores de humor para a depressão, como Zoloft, Xanax ou Prozac. Quando essas drogas apareceram no mercado, não poderia existir um livro como *Geração Prozac* direcionado às jovens negras, mas poderia existir um agora. Parte do fenômeno da integração racial, da mudança na construção da identidade negra feminina que ocorreu entre os anos 1980 e início dos anos 1990, foi que as jovens negras começaram a buscar validação na cultura branca *mainstream*.

Eu cresci em uma casa e numa cultura em que todas as revistas disponíveis eram revistas negras, a não ser pela

Women's Day e outras que eram mais orientadas a questões do lar. A ideia de que um grande número de mulheres negras no fim dos anos 1970 e início dos anos 1980 pudesse recorrer às revistas de moda brancas para construir sua identidade seria uma coisa inédita. Tudo mudou em termos das formas e das fontes das quais as mulheres negras derivam sua noção do eu e de identidade. É por isso que estamos vendo um aumento dos casos de anorexia e bulimia entre as mulheres negras.

JP: Você vê o uso de medicamentos para depressão pelas mulheres negras como um sintoma da imersão na cultura branca? Ou como algo que nos dê mais esperança, como uma rejeição do mito da "mulher negra forte"?

bh: Sempre que falamos sobre uma abordagem medicamentosa da saúde mental, nós sempre focamos nos remédios. Não falamos, de fato, em um movimento em direção a modelos de cura holísticos e terapêuticos. As melhores terapias que se utilizam de medicamentos também reconhecem um mundo para além dos medicamentos. Quando nos concentramos na saúde das mulheres negras, eu vejo uma reação hostil à medida que nos livramos dos muitos, muitos grilhões que nos prendiam antes dos anos 1980. Parte dessa reação é uma construção pública das mulheres negras como loucas, vadias, como pessoas fora de controle. Há uma forte ligação entre essa construção pública das mulheres negras e a cultura dominante.

JP: E o que tem de diferente ou de novo?

bh: Essa mudança tem a ver com intensidade. Conforme conquistamos novas formas de poder, nós vivenciamos tentativas mais evidentes de nos desumanizar. Podemos ver isso agora mesmo, com a aceitação esmagadora por parte da nossa nação quando Condoleezza Rice diz que adora o George Bush, que adora o Partido Republicano. Mas, quando precisaram de um bode expiatório para o 11 de setembro, alguém para culpar por "falhas na inteligência", de repente, Condoleezza, a adorada figura que simbolizava que "as mulheres negras venceram", se torna o símbolo desprezado de um tipo de brutalidade. Nós vemos o ódio supremacista branco direcionado a outras mulheres negras que ascenderam — sempre corremos um grande perigo de sermos silenciadas por essa imagem de loucas, violentas, vadias. Pense na cena violenta daquela briga em *A casa caiu*, o filme da Queen Latifah que ela ajudou a produzir e no qual estrelou com Steve Martin, entre Latifah e uma mulher branca. Ainda que a mulher branca seja má, a personagem de Queen Latifah é retratada como uma figura muito mais violenta e patriarcal. A mulher branca é posta como uma figura magra e feminista profissional que não vai ver uma mulher negra sendo tratada como vítima — "Eu vou dar uns tapas naquela bunda dela como uma igual". Mas nós vemos essa mulher negra perdendo o controle e pendurando a mulher branca em um gancho quando a briga termina.

Se eu fosse uma mulher branca consciente olhando para essa imagem em particular, eu pensaria: "Essa é a imagem da mulher negra criada pelo inconsciente de uma mulher branca ignorante". Se eu fosse ignorante, teria visto a cena como uma confirmação da ideia de que as mulheres negras são inimigas. Essa ideia sustentaria o medo que eu sinto por ver as mulheres negras como monstros e minha crença de que se a raiva das mulheres negras fosse desencadeada, as mulheres brancas seriam massacradas. Isso é grave! E estou dizendo a você que essa imagem da feminilidade negra e branca não teria sido permitida em 1980. Mas agora ela faz parte da resposta extrema do patriarcado supremacista branco contra as mulheres brancas; faz parte de uma mídia de massa conservadora e dominada pela branquitude que usa as mulheres negras para botar a mulher branca no lugar dela. A mulher negra se torna simplesmente uma extensão do patriarcado, *uma extensão mais violenta do patriarcado*.

JP: Nós estamos falando de coisas difíceis que podem fazer as pessoas se sentirem desencorajadas. O que faz você ter esperança?

bh: O que me faz ter esperança é o trabalho que tem sido feito por mulheres negras iluminadas, em todas as frentes, de tentar criar não apenas uma maior consciência, mas práticas e estruturas concretas de mudança que apoiam as mulheres negras, as pessoas negras.

E, de novo, lembre do fato de que só pudemos ler obras construtivas sobre autoestima nos anos recentes. Nós temos gerações mais jovens de pessoas negras que foram mais educadas na pedagogia do consumismo hedonista — se você possui ou não as armadilhas do sucesso, a roupa certa, o carro certo, a quantidade certa de dinheiro, as joias certas —, então não conseguimos nos engajar em um discurso público sobre a autoestima negra que vai além dos chamados dos anos 1960, como: "Ame a cor da sua pele, ame seu cabelo como ele é".

E, mais uma vez, é importante falar sobre as contradições com as quais convivemos, em que muitas pessoas negras que usam *dreads* não dialogam com outras pessoas negras nem querem se engajar na negritude de nenhuma forma, mas se engajam com pessoas brancas que "amam seus *dreads*" e são atraídas por elas por causa do seu cabelo. Então vemos de novo a loucura, o absurdo desse tipo de cultura. A cultura dominante tem uma grande habilidade de transformar qualquer coisa em mercadoria, o que, penso eu, fez muitas jovens negras se perguntarem: "Onde eu me encaixo?".

Recentemente, nos Estados Unidos, foi posto um holofote na sexualidade feminina negra, mas esse holofote, me parece, transmite a noção de que as mulheres negras são muito estúpidas e desesperadas. Por exemplo, a cobertura da mídia convencional do fenômeno dos "discretos"* — homens negros que são bissexuais ou gays e que estão no armário, envolvidos em relações sexuais com mulheres — costuma focar essa mensagem. Eu posso relacionar o artigo de Ellis Cose sobre as mulheres negras, publicado na *Newsweek*, que se concentra em nossa incapacidade de encontrar parceiros, e sobre o nosso "desespero sexual" com o programa de Oprah sobre os "discretos" e encontrar o mesmo estereótipo. Então, eu tenho que me perguntar: "Por que eu estou aqui sentada no Kentucky lendo uma revista branca que nunca traz nada sobre as pessoas negras, mas publicou uma reportagem sobre homens negros 'discretos' que estão passando doenças para as mulheres negras porque somos tão estúpidas e desesperadas?". Essas são só outras reproduções da iconografia racista e sexista do século XIX que julga as mulheres negras como pessoas incapazes de pensar e refletir criticamente. Esses estereótipos tratam da contínua desvalorização da mulheridade negra, pois a ênfase não recai na patologia dos homens que estão fazendo o que fazem. Em vez de recair nos homens que estão mentindo, que têm baixa autoestima, que não são capazes de reivindicar abertamente suas sexualidades, o foco recai nas mulheres negras. Somos retratadas como passivas, incapazes de discernir a realidade e tão

---

* No original, *down low*, um termo oriundo da comunidade negra estadunidense e utilizado mais especificamente em seu interior. [N. T.]

presas a uma fantasia do homem ideal que não podemos "diferenciar" um homem gay de um homem hétero, somos incapazes de fazer as perguntas certas ou de usar camisinha.

Não por acaso, em uma cultura racista e sexista, as mulheres foram construídas como esse grupo desesperado. Existe um desespero geral por conexões emocionais na cultura como um todo. Só que é mais fácil para as pessoas brancas negociarem isso. A popularidade de *Sex in the City* e de *Desperate Housewives* explora o desespero real sentido pelas mulheres brancas. E não deveria nos surpreender que a mensagem de que as mulheres negras são solitárias e desesperadas venha numa época em que mais e mais mulheres negras estão se autoatualizando, conquistando poder e ganhando uma maior visibilidade.

JP: Isso me fez lembrar do que você disse sobre seus escritos e palestras — que é crucial para as escritoras negras contarem suas histórias pessoais. Você também falou sobre algumas lacunas em nossas histórias em torno da sexualidade, da ética e de outras escolhas pessoais. Em sua busca por contranarrativas para histórias que têm grandes lacunas, ou que são simplesmente distorcidas, a quem ou a que você recorre?

bh: Continuo buscando o exemplo e os escritos de mulheres negras, vivas e mortas, que eu admiro. Sempre tive uma grande admiração por Lorraine Hansberry, não só por seu grande talento como dramaturga, mas por seu grande ativismo político. Nós também compartilhamos muitas preocupações. Por exemplo, Hansberry levantou a questão da amabilidade das pessoas negras em *To be Young, Gifted, and Black*. Quando ela diz: "Meu pai e minha mãe não amavam a gente. Mas compravam coisas para nós", ela está perguntando como vamos construir um mundo diferente para as crianças negras de forma que elas possam ter uma autoestima saudável.

Compare isso com o culto de Zora Neale Hurston, que ainda é, de muitas formas, um fascínio pela "negra louca" que acaba sozinha. É interessante comparar isso com as realidades negligenciadas da vida de Lorraine Hansberry. Hansberry foi uma poderosa figura da esquerda, agindo em um momento histórico específico, que se preocupava com a África, com as lutas pela independência na Etiópia e em outros lugares. E ela acabou sendo a menos conhecida entre as duas porque não pode ser reinventada como essa figura louca e imprudente.

JP: Você acha que a sexualidade de Hansberry pode ter contribuído com o fato de ela não ser muito conhecida?

bh: Não, porque mesmo antes de as pessoas saberem que Lorraine Hansberry era lésbica, ela ainda não era o mesmo tipo de figura icônica. Zora Neale Hurston é muito mais ousada — com Zora, a coisa é toda sobre o popular, sobre ousar —, Lorraine era uma pensadora dissidente que levantava questões sobre o capitalismo. Em *A Raisin in the Sun* [Uma passa ao sol], que pode ser visto como um drama conservador, a mãe pergunta: "Desde quando o dinheiro virou vida?". Ela está, de fato, levantando uma crítica ao capitalismo, fazendo sua família se lembrar de uma visão contra-hegemônica da vida, em que as pessoas e a comunidade importam, onde o crescimento espiritual e emocional importam.

A autobiografia de Shirley Chisholm, *Unbought and Unbossed*, é um dos livros aos quais eu retorno em um esforço para manter minha integridade como uma mulher negra neste mundo e para me lembrar de que eu posso me manter forte por mim mesma. É claro, eu acho que todas nós buscamos alguém para nos orientar, todas nos perguntamos de quem podemos estar perto e como podemos manter um diálogo positivo, que afirme a vida. Essa busca, com certeza, afastou muitas mulheres negras do cristianismo fundamentalista, nos aproximando do pensamento da nova era, do budismo, da religião iorubá, da santeria — formas de práticas religiosas que nos conectam mais à noção diaspórica da individualidade das mulheres negras.

JP: Que conexões *Irmãs do inhame* faz entre as mulheres negras americanas e a mulher negra em todo o mundo?

bh: Entre todos os meus livros, *Irmãs do inhame* foi o que mais engajou as mulheres negras no mundo todo. E isso quando falamos sobre os estereótipos sexuais e raciais em direção às nigerianas na Itália, onde elas são vistas como prostitutas, ou sobre o destino de Winnie Mandela. Nós temos Nelson Mandela, radical e progressista em relação à raça, mas que sai da prisão dizendo que a imagem que ele guardou de Winnie foi ela passando as camisas dele. E lá estava Winnie, tentando manter uma resistência revolucionária e militarista pela qual ela foi denunciada. Seu destino como uma poderosa dissidente política é vinculado ao destino de mulheres negras radicais do mundo todo. E aqui voltamos para onde começamos, com essa imagem da mulher negra raivosa, desnecessariamente violenta, sexualizada, enfim. Com uma mídia global homogênea, a construção global das imagens reproduzidas da mulher negra é mais similar e homogênea.

JP: Também por causa das imagens exportadas pela mídia americana convencional.

bh: Exatamente. A MTV dita para as pessoas jovens do mundo tudo o que a mulheridade negra é. E em relação à diáspora, eu também acho importante lembrar que *Irmãs do inhame* foi um dos primeiros livros a abordar a relação das pessoas negras com a terra e o planeta; a vincular nossa cura e o bem-estar à cura da terra; a nos lembrar de nossa herança agrária, do antigo legado africano na América Central, na América do Sul e na América do Norte.

JP: Em *Irmãs do inhame*, você escreveu: "Quando eu disse para um grupo de mulheres negras que era meu desejo que existisse um mundo onde eu pudesse sentir o amor, onde eu pudesse sentir que estou dando e recebendo amor toda vez que saísse de casa, elas riram". Você acha que, se dissesse isso agora, a reação seria a mesma, diante da urgência dessas questões?

bh: De forma alguma. A reação seria totalmente diferente. Entre outras forças, Oprah e os escritos de Iyanla Vanzant deram às mulheres negras, para além das fronteiras de classe, a permissão de falar sobre suas necessidades emocionais e de vincular suas preocupações com as preocupações de outras mulheres em nossa sociedade. Nos quatro livros que escrevi sobre o amor — *Tudo sobre o amor: novas perspectivas*; *Salvation: Black People and Love* [Salvação: pessoas negras e amor]; *Communion: The Female Search for Love* [Comunhão: a busca feminina pelo amor] e o recente *The Will to Change: Men, Masculinity, and Love* [Desejo de mudança: homens, masculinidade e amor] —, eu não evidenciei de fato que sou negra, mulher e feminista. Embora os livros tenham sido escritos de uma perspectiva que envolve um viés não sexista, essa questão nunca foi central.

O interessante foi que, nas viagens que fiz para falar sobre esses livros, as pessoas me perguntaram: "Por que você decidiu falar sobre o amor?". E isso porque essas pessoas não tinham lido *Irmãs do inhame*, talvez por causa do subtítulo, *Mulheres negras e autorrecuperação*. Mas *Irmãs* nunca foi vendido como um livro exclusivo para mulheres negras! Foi vendido como um livro que serviria a qualquer pessoa que quisesse entender a construção holística do eu e da identidade das mulheres negras. E embora eu fique feliz que *Irmãs* ainda seja tão relevante, me entristece ver uma intensificação da dor e das feridas psicológicas, diante da privação de direitos que tantas pessoas negras estão sofrendo de forma tão agressiva — com ataques à educação pública, às ações afirmativas e a toda a infraestrutura pública. Massas de pessoas negras estão perdendo terreno na economia e, com essas perdas, nós enfrentamos dificuldades psicológicas novas e sem precedentes. Essas são as contradições em que vivemos e que estão produzindo uma cultura niilista caracterizada por um profundo desespero.

Nosso desespero coletivo se intensificou à medida que a vida das pessoas melhorou, precisamente porque muitas de nós começamos a trabalhar mais com o autocuidado. Também tivemos muitas mortes "públicas", o que nos faz refletir. Penso em Audre Lorde. E quando olhamos para o mundo de pensadoras e escritoras negras famosas, vemos que o número de mortes é desproporcional em relação aos nossos números. Por um tempo, foi como se alguém morresse todo ano e esse alguém tinha menos de sessenta.

JP: Audre Lorde, Barbara Christian, June Jordan, Toni Cade Bambara...

bh: Claudia Tate. E várias outras. E isso cria uma grande preocupação e uma consciência do fato de que nós temos que nos envolver com a nossa salvação e chamar a atenção para tudo aquilo que nos impede de ser inteiras. É importante para nós que mais mulheres negras estejam escrevendo obras de não ficção. A esperança mora aí. E no fato de que mais pessoas negras, a independer da classe, estão preocupadas com a questão da cura e estão vendo as conexões entre estar em contato com o eu, sermos funcionais e capazes de uma autodeterminação negra. Testemunhamos gerações de ativistas, como o Partido dos Panteras Negras, que fizeram um trabalho afirmativo incrível em prol da liberdade, mas de muitas formas o trabalho que o partido fez foi prejudicado por comportamentos e crenças disfuncionais que tiveram muito a ver com questões de origens familiares. Muitas daquelas pessoas precisavam de cura emocional.

JP: Em *Irmãs do inhame*, você escreve que, na tradição da metafísica erótica, que remonta a Agostinho e Platão, o amor é considerado anterior ao conhecimento. Nós amamos para compreender. Parece que você vem trabalhando bastante nessa premissa nas suas obras mais recentes. Você vê *Irmãs* como um ponto de partida para outros livros sobre relacionamentos e amor?

bh: Sem dúvidas. E é por isso que, quando as pessoas perguntam sobre a minha escrita — "mas o que aconteceu?" —, eu penso que nada aconteceu. Ou, na verdade, nós podemos falar sobre uma realização mais plena de uma visão. Essa visão serviu de alicerce para *Irmãs do inhame*. Eu me vejo em um *continuum* de crescimento e, de fato, eu mudei. Se você tivesse me entrevistado na época de lançamento de *Irmãs*, eu teria visto o livro como um tipo de digressão significativa da teoria feminista e da crítica cultural com as quais eu estava mais obcecada e comprometida.

JP: Falando do seu próprio crescimento espiritual, você escolheu o budismo. Você pode falar sobre essa escolha?

bh: Eu misturo a consciência budista e cristã. Eu medito e também rezo todos os dias. O budismo é útil para mim como é para muitas mulheres negras e homens negros, até para os nossos irmãos e irmãs na prisão. Nós usamos bastante a meditação por causa de sua ênfase nos meios de subsistência corretos, como um tipo de aplicação prática. Muita gente acha que o budismo é um caminho espiritual muito teórico e abstrato. Mas, na verdade, o budismo traz uma ênfase crucial na atenção plena em nosso dia a dia.

Eu sempre acho profundamente comovente e inspirador que tenha havido uma conexão entre Martin Luther King Jr. e Thich Nhat Hanh. King percebia que esses líderes espirituais — homens racializados do Oriente que traziam um modo diferente de ser para o Ocidente — ofereciam algo muito significativo.

JP: Qual é a ligação entre King e Thich Nhat Hanh?

bh: Eles se encontraram por meio da Irmandade da Reconciliação*. King nomeou Hanh para um Prêmio Nobel da Paz. É importante pensarmos no lugar da espiritualidade no processo de cura. Como Dalai Lama diz tão lindamente em seu *Ethics for the New Millennium* [Uma ética para o novo milênio], nós podemos seguir em frente sem uma religião organizada da forma como conhecemos, mas não podemos

---

* Em inglês, United States Fellowship of Reconciliation, organização fundada em 1915 por 68 pacifistas, uma ramificação da Irmandade Internacional da Reconciliação, fundada em 1914 em resposta aos horrores da Primeira Guerra. [N. T.]

seguir em frente sem a espiritualidade. Se estivesse escrevendo *Irmãs do inhame* hoje, eu incluiria mais críticas em relação a práticas religiosas fundamentalistas em todas as suas formas, incluindo o cristianismo fundamentalista e o islamismo fundamentalista. Porque o envolvimento com o pensamento fundamentalista geralmente implica fechar a mente e o coração, o controle do corpo das mulheres, o ódio à homossexualidade. Nós podemos escolher entre tantas formas abundantes, afirmativas e novas de pensar a Bíblia, de pensar a vida no geral. Não precisamos considerar a religião fundamentalista como o único caminho que leva a Deus.

JP: Você acha que as mulheres religiosas conseguiram se ver em *Irmãs do inhame*?

bh: As mulheres negras se veem no livro porque *Irmãs* não é propriamente uma crítica ao cristianismo. Há mais uma ênfase na espiritualidade, então as leitoras sentem que essas ideias podem coexistir. A teologia mulherista, que cresceu muito desde os primeiros anos do feminismo, também se tornou um lugar onde as mulheres negras cristãs podem crescer espiritualmente. Os escritos de Katie Cannon, Renita Weems e Anne Kelly, para citar algumas, nos apresentaram novas formas de pensar as mulheres negras e a teologia feminista.

Mas muitas pessoas da psicologia que escreveram sobre as mulheres negras e as enfermidades mentais descobriram que muitas mulheres negras percebem a busca pela terapia como um sinal de que a fé delas está falhando. Nós precisamos entender que o gesto de buscar ajuda terapêutica é um testemunho de nossa fé espiritual. Mas, enquanto falamos da necessidade das mulheres negras de buscar cuidados terapêuticos, nós não temos uma comunidade terapêutica realmente preparada para receber as mulheres negras, sobretudo uma comunidade terapêutica que não tenda ao sexismo. Porém, nós temos pessoas curadoras maravilhosas.

Por exemplo, nós não paramos de ouvir que mais de 60% das mulheres negras sofrem de depressão, mas o fato é: quem poderia estar ciente das dinâmicas de dominação inter-relacionadas e não ficar deprimida? Recentemente, conversei com uma mulher negra cujos dois filhos tinham sido assassinados e ela estava tentando entender por que se sentia deprimida, já que as pessoas não paravam de dizer que Deus tinha chamado os filhos dela. Ela disse: "Eu não consigo reunir a vontade de continuar da forma como eu acho que deveria". E eu respondi: "Talvez não seja o seu momento de reunir força de vontade, mas um tempo de se entregar, se render e viver o seu luto". E então, mais uma vez, há dois impedimentos na vida dela. Tanto o tipo de cristianismo fundamentalista que diz: "Se isso te afeta tanto emocionalmente, então você não se entregou totalmente à vontade de Deus", e a metafísica ocidental da cura, que prescreveria um remédio para aliviar a dor dela em vez de ajudá-la a encontrar um lugar onde ela pudesse honrar seu luto. Eu não falo muito disso em *Irmãs*, mas nos meus últimos trabalhos, eu abordo o fato de que houve poucos lugares neste país para que as pessoas negras pudessem viver coletivamente o seu luto. E o mesmo, é claro, se aplica aos homens negros.

A igreja fundamentalista, enquanto uma entidade corporativa em nosso país, tem sido menos um lugar para a construção comunitária e o sustento das pessoas negras e mais um lugar de manutenção da aliança negra com uma herança cristã patriarcal. Quando falamos sobre o futuro da cura das mulheres negras e de nossa cura como povo, nós temos que falar mais sobre o aprendizado e o envolvimento com uma espiritualidade da nova era. A ideia não é abandonar o cristianismo, se foi esse o caminho que você escolheu, mas não se envolver no tipo de cristianismo fundamentalista homofóbico, misógino, fundamentalmente militarista e contra a vida. E isso é muito difícil neste momento da história, quando vemos o ressurgimento de um fundamentalismo religioso que está intoxicando sobretudo as pessoas jovens, que querem respostas e regras claras. Nós precisamos defender novas noções de disciplina, novas noções das práticas religiosas como parte de guias holísticos e progressistas em direção à autorrecuperação.

JP: Você pode falar um pouco mais sobre fundamentalismos?

bh: Existe um paralelo entre o pensamento fundamentalista cristão e de outras religiões e o fundamentalismo da medicina ocidental. Para falarmos sobre cura e mulheres negras, nós precisamos, antes de tudo, falar sobre uma supremacia branca imperialista, um domínio patriarcal que nunca levou nosso corpo a sério. Nós podemos procurar uma medicina "de primeira" — geralmente, médicos brancos —, mas não necessariamente seremos tratadas com respeito. Mesmo quando temos condições de acessar o sistema de saúde, nosso corpo não costuma receber o cuidado necessário. Minha médica, Cordia Beverly, uma mulher negra, é incrível. Ela foca os cuidados de saúde preventivos para pessoas negras — publicando uma *newsletter* e atuando como uma defensora em todos os sentidos — e selou um compromisso de vida com a cura. Nós conseguimos ter acesso aos melhores cuidados quando buscamos pessoas curadoras que puderam ajudar outras mulheres negras. Quando não buscamos — ou não podemos buscar — um cuidado de saúde melhor, nós podemos ficar presas em um sistema que mantém nossa saúde prejudicada.

Por exemplo, as mulheres negras enfrentam mais a obesidade que qualquer outro grupo neste país. Uma mulher obesa que sofre dos joelhos ouvirá da indústria médica patriarcal branca e ignorante: "Faça uma cirurgia nos joelhos". Não vão dizer para ela: "Tente perder peso, procure ajuda para isso, observe o que está te causando estresse e analise sua vida no geral". Embora tenha havido uma maior conscientização sobre os problemas de saúde das mulheres negras, essa conscientização fez com que mais mulheres negras se envolvessem em abordagens medicalizadas não holísticas e que não consideram nosso bem-estar. Todos os dias, pessoas da medicina dizem para alguém acima do peso com problemas nos joelhos: "Use uma cadeira de rodas" ou "Faça uma cirurgia" em vez de "Primeiro, você precisa perder peso para melhorar sua saúde de forma mais geral"*. Em certo momento da história, as mulheres negras americanas fizeram histerectomias em uma taxa desproporcional. Cirurgias nos joelhos e nos quadris acabaram se tornando as "novas histerectomias" para as mulheres negras.

JP: Nós encontramos mais e mais notícias médicas perturbadoras em reportagens com manchetes como "Black Women, Mental Health Needs Unmet" [Mulheres negras não têm suas necessidades de saúde mental atendidas]. Como você mencionou, um relatório recente aponta que

---

* Diversas pesquisas científicas questionam a afirmação aqui expressa por hooks. Como explicar inúmeros casos de pessoas acima do peso considerado "normal", mas com índices de saúde excelentes? Ver, por exemplo, a matéria da Associação Brasileira de Estudo da Obesidade e Síndrome Metabólica" (ABESO). Disponível em: <https://abeso.org.br/novas-pesquisas-cientificas-questionam-relacao-entre-peso-e-saude/>. A pesquisadora Agnes Arruda também questiona a ideia de "peso ideal" em seu livro *Pequeno dicionário antigordofóbico* (Provocare Editora, 2022). [N. E.]

60% das mulheres negras americanas sofre de depressão. Na Califórnia, as mulheres negras afro-americanas têm a menor expectativa de vida entre as mulheres de todos os grupos étnicos e raciais.

bh: Essas estatísticas são perigosamente distorcidas, pois existe uma "depressão saudável", que é uma resposta ao que está acontecendo no mundo. Mas também compartilhamos a necessidade básica de enfrentar uma depressão *debilitante* e de encontrar e manter lugares felizes. Infelizmente, para muitas pessoas negras, está ficando mais difícil encontrar esses lugares, sobretudo quando nos preocupamos muito mais com o materialismo ou uma afluência do que com a felicidade. Os estudos costumavam mostrar que as crianças esperavam se casar e ter uma família quando crescessem. Hoje, a maioria das crianças diz que querem ser ricas, pois entendem a ligação entre certas formas de excesso de poder e riqueza. Eu acho que eu nunca pensei em ser rica quando tinha seis anos de idade.

JP: Isso pode se relacionar com a vergonha em torno da pobreza sobre a qual você escreveu em *Irmãs*. Neste país, não é aceitável ser pobre ou fazer parte da classe trabalhadora e tem muita repressão e silêncio em torno disso. É muito interessante que o *hip-hop mainstream* tenha seguido uma trajetória parecida — o *hip-hop* deixou um grande potencial político de lado e passou a ser uma obsessão por rótulos, coisas e ostentação.

bh: O *hip-hop* deixou a resistência política de lado e se voltou para o capitalismo gângster, dizendo: "Você também pode fazer parte do *mainstream*". Também existe um paralelo nas publicações, entre aquilo que é apresentado pelo *mainstream* e o que é apresentado em outros lugares. Como você sabe, a editora pequena e independente que publicou *Irmãs do inhame* se manteve viva e ajudou a manter uma espécie de universo paralelo àquilo que é oferecido pelas editoras comerciais. Existem livros muito mais rasos, mas que alcançam um público muito mais amplo que *Irmãs do inhame*. E, às vezes, eu acho isso muito triste, porque parece com a diferença entre comer porcaria e comer uma comida de verdade, nutritiva. Nós costumamos nem ouvir falar sobre os livros que mais poderiam nos ajudar. As pessoas não rejeitaram esses livros, só não ficaram sabendo deles.

Na edição de *Irmãs do inhame* publicada pela South End Press Classics, eu gostaria de celebrar publicamente as leitoras negras que compraram vários exemplares do livro para passar adiante. *Irmãs* é provavelmente meu livro mais compartilhado porque as mulheres negras que o leem — seja um grupo de mulheres que sofreram violência em Shreveport, Louisiana, ou um clube do livro organizado por profissionais negras em Detroit — se sentem compreendidas. *Irmãs* se comunica com a diversidade de nossas necessidades e desejos.

Eu me sinto muito abençoada por ter escrito *Irmãs do inhame*. Relendo o livro depois de todos esses anos, fiquei impressionada quando me dei conta de que as questões de que o livro trata ainda sejam tão oportunas. Nós, mulheres negras, merecemos ter múltiplos caminhos de cura, múltiplas formas de pensar a espiritualidade, múltiplos caminhos para a recuperação. O caminho é um só, as rotas são muitas. Todas nós precisamos ir a algum lugar para renovar a alma. Precisamos estar nesse caminho para a recuperação, em direção à plenitude. A cura do corpo, da mente e do espírito nos redime, não importa onde nos encontremos na vida — perdidas ou encontradas. Quando escolhemos a cura, quando escolhemos o amor, nós escolhemos a libertação. É aí que todo o verdadeiro ativismo começa.

Índice remissivo

A

abuso de substâncias, 87, 88, 92, 93.
abusos verbais, 48.
Adisa, Opal Palmer, 77.
afastamento, 136, 140, 208.
afirmação crítica, 41, 49, 50.
agência, 70, 73, 74, 78, 86, 153, 176, 193, 194.
Aids, 107, 145, 224, 231.
The Aids Book, 107, 224.
Ali, Shahrazad, 179, 223.
Amada (Morrison), 142, 215, 226.
ambientes brancos, 16, 55, 87, 94, 114, 125.
amor, 13, 27, 31, 43, 49, 50, 51, 77, 99, 106, 115, 119, 120, 123, 127, 133, 134, 135, 138, 139, 140, 142, 144, 147, 151, 152, 153, 154, 155, 156, 157, 158, 159, 160, 161, 163, 164, 165, 166, 167, 168, 169, 170, 171, 175, 177, 185, 186, 189, 190, 191, 192, 193, 194, 198, 199, 203, 204, 214, 216, 221, 225, 244, 246, 253.
   força do, 152, 171, 192.
   necessidade de, 159, 167.
Anand, Margo, 142, 145, 223.
anorexia, 237.
ansiedade, 18, 70, 75, 109, 124, 235.
aparência, valorização da, 33.
apartheid, 31, 44, 98, 119, 152.
The Art of Sexual Ecstasy (Anand), 142, 223.
ataques verbais, 50.
autoestima, 18, 93, 210, 239.
   vício, 87.
   melhora na, 60, 95, 113, 180.

homens negros, 105, 180, 240.
questões corporais, 110, 111.
nas crianças, 100, 113, 242.
escolhas de moda, 110, 113.
vício alimentar e, 90.
mulheres no ensino médio, 235.
racismo internalizado e, 87, 100.
racismo e, 87, 100, 113.
e meios de subsistência corretos, 58, 59.
auxílio do governo, 36, 54, 56, 57.

B

Backlash: o contra-ataque na guerra não declarada contra as mulheres (Faludi), 6.
Bambara, Toni Cade, 1, 9, 19, 170, 223, 234, 245.
beleza, 10, 13, 97, 98, 101, 102, 105, 107, 109, 111, 112, 113, 114, 149, 206, 208, 233.
Benjamin, Jessica, 165, 223.
Berry, Wendell, 206, 210, 223.
The Black Woman, antologia (ed. Bambara), 9, 170, 223.
The Black Women's Health Book, 20, 34, 77, 121, 151, 227.
The Blackman's Guide to Understanding the Blackwoman (Ali), 179, 181, 223.

bonecas, 100, 101, 102, 113, 137.
meninas e, 137.
Bogus, Diane, 134.
The Bonds of Love (Benjamin), 165, 223.
burnout, 62.

C

cabelo, 18, 78, 90, 103, 104, 105, 106, 112, 113, 114, 161, 239.
Cady, Linell, 215.
Campbell, Bebe Moore, 126.
Campbell, Naomi, 112.
The Cancer Journals (Lorde), 117, 225.
câncer de mama, 231.
Canção de Solomon, A (Morrison), 119.
Cannon, Katie Geneva, 54, 248.
capitalismo industrial, 207.
Casa caiu, A, 238.
Centro Nacional de Estatística em Saúde, 235.
Chapman, Tracy, 112.
Chisholm, Shirley, 80, 224, 242.
Clark, Septima, 165, 223.
codependência, 87, 93, 95, 183.
colchas, 100, 101, 102.
comportamento, 46, 48, 80, 85, 91, 93, 102, 124, 145, 156, 181, 246.

antissocial, 88.
mudança, 50, 145, 198.
padrões de, 44, 108.
cuidado (e autocuidado), 30,
 43, 48, 51, 54, 64, 71, 87,
 88, 91, 92, 93, 94, 103, 104,
 105, 06, 107, 108, 109, 111,
 114, 119, 120, 138, 139, 140,
 144, 146, 149, 152, 155, 157,
 158, 163, 168, 169, 170, 174,
 178, 180, 191, 193, 195, 196,
 199, 245, 248, 250.
comunalismo, 197.
comunicação:
 criativa, 23.
 franca, 23, 31.
comunidades:
 viver em, 175.
 segregadas, 70,
 negras, 19, 31, 88, 181, 184.
comunidades de resistência,
 99, 184, 185, 186, 187.
compaixão, 190, 191, 193, 194,
 195, 196, 197, 198, 199, 200.
competição, 46, 183, 197.
conexões diaspóricas, 20.
confiança (e autoconfiança),
 58, 80, 134, 145, 177.
confronto construtivo, 50.
contações de histórias, 22.
contra-ataque, 6, 7, 108, 235.
controle, 9, 39, 44, 45, 46,
 69, 70, 81, 88, 89, 91, 125,
 154, 162, 163, 165, 178, 190,
 237, 238, 248.

 sobre as crianças, 45, 46.
 do corpo, 248.
Cose, Ellis, 240.
Cor púrpura, A (Walker), 18,
 34, 215, 227.
Craving for Ecstasy, 90.
Creek, nação, 204.
crianças, 13, 31, 33, 36, 37, 42,
 45, 46, 49, 50, 53, 55, 56,
 58, 71, 90, 91, 92, 93, 94, 98,
 100, 102, 108, 113, 114, 119,
 120, 122, 124, 129, 130, 137,
 138, 139, 153, 154, 156, 157,
 171, 175, 177, 190, 198, 203,
 207, 221, 233, 242, 252.
Cuney, Waring, 208.

D

Dalai Lama, 247.
The Dance of Anger (Lerner),
 108, 225.
Davis, Bridgett, 121, 122.
depressão, 123, 124, 125, 126,
 127, 129, 130, 194, 208, 235,
 236, 237, 249, 252.
 ameaçadora da vida/
  suicida, 124, 125, 129.
 alteradores de humor, 126,
  236.
 definição, 124.
 saúde, 123.
 "saudável", 252.
 mulheres negras e, 123,
  237, 249, 252.

expectativa de vida e, 252.
opressão e, 235.
dinheiro, 37, 55, 56, 58, 59, 65, 66, 75, 76, 93, 180, 185, 339, 242.
direito, 17, 35, 46, 59, 77, 104, 135, 136, 165, 167, 186, 193, 236, 245.
   noção de, 77.
   civis, 17, 165, 186, 236.
discurso vernacular, 78, 143.
Diseasing of America (Peele), 226.
dissimulação, 30, 31, 32, 33, 36. Ver também mentiras.
dívidas, 76, 203.
   estresse e, 75.
Do What You Love, The Money Will Follow (Sinetar), 58.
doces, vontade de comer, 90.
dominação, 20, 21, 22, 33, 46, 65, 80, 86, 87, 88, 94, 135, 140, 153, 154, 165, 170, 178, 179, 182, 184, 192, 232, 242.
   cultura de, 46, 86, 135, 179.
   estruturas de, 20, 21, 33, 88.
   masculina, 182.
dor psicológica/ psíquicas, 93, 153, 232.
Douglass, Frederick, 154.
Dunbar, Paul Laurence, 30, 224.
"Dying as the Last Stage of Growth" (Imara), 23.

E

economia,
   mercado, capitalista, 158, 159.
emoções, 79, 119, 155, 156, 158, 166.
empoderamento, 6, 10, 33, 73, 77, 133, 142, 146, 166, 192, 218.
Erguer a voz (hooks), 37, 28.
eros, responsabilidade e, 133.
erotismo, 133, 135, 140, 143, 145, 146, 148, 149.
   curativo, 145, 146, 148.
escolhas, 58, 61, 104, 241.
   profissionais, 58, 61.
escravidão, 28, 29, 30, 71, 86, 106, 152, 153, 154, 155, 190, 205.
   pessoas escravizadas, 28, 29, 31, 46, 71, 100, 101, 153, 154, 155, 156.
espaços contemplativos, 217.
esquecimento, 87.
estereótipos, 6, 28, 109, 240, 243.
   resistência contra, 6, 109.
estratégias de sobrevivência, 32, 44, 79, 100.
estresse, 18, 32, 33, 36, 57, 62, 64, 69, 70, 71, 72, 72, 73, 74, 75, 76, 77, 78, 79, 81, 82, 87, 91, 95, 122, 126, 217, 236, 251.
   ver também vida mental.
Ethics for the New Millennium (Dalai Lama), 247.

F

Faludi, Susan, 6.
Feel the Fear and Do It Anyway (Jeffers), 123.
"A Feminist Christian Vision" (Cady), 215.
The Feminist Mystic (Giles), 219.
Feminist Theory: From Margin to Center [Teoria feminista: da margem ao centro] (hooks), 234.
Fluker, Walter, 169.
A Foot in Each World (McClain), 126.
for colored girls who have considered suicide/when the rainbow is enuf (Shange), 230.
Fox, Arnold, 198, 224.
Fox, Barry, 198, 224.
fundamentalismo, 250.

G

Giles, Mary, 224.
Giovanni, Nikki, 170.
Goyen, William, 213.
grupos de apoio, 19, 20, 21, 74, 102, 167, 187, 123, 173.
Guy-Sheftall, Beverly, 234.

H

The Habit of Surviving: Black Women's Strategies for Life (Scott), 161, 226.
Hansberry, Lorraine, 139, 203, 224, 241, 242.
Hard Times Cotton Mill Girls (Cannon), 54.
Hay, Louise, 107, 224.
"Healing the Heart of Justice" (Lewis), 221.
hip-hop, cultura, 234, 252.
hipocrisia, igrejas, 39.
HIV, 235, 236.
Hochschild, Arlie, 71.
homens negros, 6, 8, 20, 21, 31, 70, 128, 140, 180, 181, 182, 183, 184, 194, 195, 240, 247, 249.
homofobia, 21, 44, 144, 183, 250.
humilhação, 42, 48, 50.
Hurston, Zora Neale, 216, 224, 242.

I

identidade sexual, 140.
imagens, 5, 6, 33, 90, 99, 100, 101, 102, 103, 105, 110, 112, 113, 114, 133, 134, 142, 166, 182, 199, 207, 208, 209, 235, 238, 243.
Imara, Mwalimu, 23, 130.
Incidentes na vida de uma menina escrava (Jacobs), 224.
individualismo, 176, 179, 197.
ameaças do, 197.
informação, 8, 22, 36, 37, 42.
como poder, 36, 42.
inhames, simbolismo, 20.
integração racial, 44, 70, 99, 236.

interdependência, 177.
Irmã Outsider (Lorde), 27, 225, 231.
Islamismo, 248.

J

Jacobs, Harriet, 28, 224.
Jeffers, Susan, 63, 81, 122, 123, 214, 215, 224.
Jones-Jackson, Patricia, 121, 224.

K

Keen, Sam, 135, 137, 138, 147, 148, 224.
Kelly, Anne, 248.
King, Martin Luther Jr. (Rev.), 80, 192, 225, 247.
Kitchen Table: Women of Color Press, 187.
Kolbenschlag, Madonna, 178, 218, 225.
Kübler-Ross, Elisabeth, 118, 225.

L

laços, privação de, 138.
laços de parentesco, 17.
Lane, Lunsford, 29, 225.
Lee, Spike, 182.
Lerner, Harriet, 108, 109, 225.
lésbica, 134, 135, 242.
Lewis, Victor, 221.
literatura de autoajuda, 8, 10, 41, 58, 62, 75, 81, 125, 166, 219, 230.

Logan, Annie Lee, 65, 66, 190, 205, 225.
Lorde, Audre, 10, 27, 34, 46, 57, 117, 133, 134, 145, 225, 230, 231, 245.
Lost in the Land of Oz (Kolbenschlag), 178.
Love, Medicine, and Miracles (Siegel), 123.
Love and Addiction (Peele), 177, 226.
"Love and Need: Is Love a Package or a Message" (Merton), 158.
The Love Space Demands (Shange), 144.
lutas pela libertação negra, 7, 8, 21, 22, 191, 194.
luto, 118, 119, 121, 122, 123, 129, 130, 153, 154, 249.

M

Madhubuti, Haki, 181, 225.
mães negras, 31, 43, 45, 46, 48, 92, 93, 113, 137, 164.
  nossa/minha mãe, 14, 16, 47, 48, 53, 55, 72, 92, 99, 103, 108, 118, 128, 161, 162, 163, 177, 189, 193, 241.
  Ver também relações mãe-filha.
Mais e melhores blues, 182.
Mandela, Nelson, 243.
Mandela, Winnie, 243.

Marshall, Paule, 14, 140, 141, 143, 225.
máscaras, 30, 31, 89, 124, 148.
masculinidade negra, 7, 181, 244.
McClain, Leanita, 125, 126, 127, 128, 225.
meditação, 10, 13, 82, 143, 148, 217, 247.
    meditações de perdão, 199.
"meios de subsistência corretos", 55, 58, 59, 64, 66, 247.
mentiras, 28, 29, 31, 32, 33, 36, 38, 39, 78, 89.
Merton, Thomas, 159, 217, 225.
"The Middle-Class Black's Burden" (McClain), 128.
"Mom de Plume" (Bogus), 134.
Morrison, Toni, 14, 90, 119, 142, 157, 184, 206, 226.
morte, 23, 80, 108, 117, 118, 119, 120, 121, 122, 123, 126, 127, 130, 151, 152, 154, 245.
Motherwit (Logan), 65, 190, 225.
movimento Black Power, 17, 194.
movimento feminista, 9, 35.
    feminismo e espiritualidade, 248.
movimentos ecológicos, 210.
MTV, 243.
mudanças, 9, 23, 27, 37, 45, 62, 77, 107, 108, 109, 111, 115, 129, 130, 148, 177, 178, 181, 182, 186, 191, 198, 206, 210, 232, 233, 234, 236, 237, 239.
    comportamento, 45, 198.
    social, 9, 37, 177, 181, 186.
Mulheres que amam demais (Norwood), 8.
música, 112, 118, 141, 158, 171, 185.
    desejo sexual como mercadoria na, 141.

N

The Narrative of Lunsford Lane (Lane), 29.
nativo-americanas, pessoas, 14, 204.
negação, 33, 123, 130, 136, 170.
    romper com, 33, 130, 136, 167, 170.
negócios tocados por pessoas negras, 110.
negritude, 34, 98, 100, 102, 103, 112, 113, 114, 115, 142, 208, 239.
    afirmar, 113, 114, 115.
    amor/amar a, 100, 102, 115, 142.
    poderosa, 98.
"negro é lindo", 10, 114.
Nhat Hanh (Thich), 148, 184, 185, 195, 217, 226, 247.
Nouwen, Henri, 216, 226.

O

obediência, 94.
obesidade, 109, 251.
Olho mais azul, O (Morrison), 18, 90, 206, 226.

"Olho no olho" (Lorde), 10, 27.
Oprah, 240, 244.
Osofsky, Gilbert, 28,
Out of Solitude (Nouwen), 216.

P

paixão, 53, 59, 66, 133, 147, 148, 149, 154.
   prazer e, 135, 147.
padrões de pensamento, 78, 80.
Panteras Negras, 246.
The Passionate Life (Keen), 135, 147, 224.
patriarcado, 6, 8, 16, 21, 38, 48, 86, 101, 127, 134, 136, 140, 168, 179, 180, 181, 182, 214, 238, 239.
Peace, love and Healing [Paz, amor e cura] (Siegel), 227.
Peace is Every Step (Nhat Hanh), 195, 226, 227.
Peck, M. Scott, 27, 39, 152, 226.
Peele, Stanton, 85, 94, 177, 226.
pensamento positivo, 55, 78, 79, 80, 81, 106.
perdão, benefícios do, 190, 191, 195, 198, 199, 200.
Perigosamente Harlem, 183.
pés, doloridos, 111.
Petty, Jill, 229.
poderes superiores, crença em: 15, 213, 214.
Praisesong for the Widow (Marshall), 18.
"Pray for Your Own Discovery" (Merton), 217.

punição, 28, 32, 35, 45, 127, 138, 155, 199.
preocupação, 17, 48, 49, 70, 73, 81, 86, 88, 109, 192, 198, 245.
Projeto Nacional de Saúde da Mulher Negra, 231.
psicanálise caseira, 107, 125, 176.
Puttin' On Ole Massa (Osofsky), 28.

Q

Queen Latifah, 238.

R

racismo, 6, 15, 17, 20, 32, 33, 34, 46, 55, 56, 64, 70, 71, 73, 80, 87, 98, 99, 100, 103, 105, 108, 111, 112, 115, 122, 153, 155, 162, 170, 191, 192, 197, 210, 232.
   racismo e sexismo, 6, 15, 17, 20, 33, 56, 64, 108, 162, 197.
   racismo internalizado, 98, 100, 105, 111, 115, 153.
A Raisin in the Sun (Hansberry), 242.
rap, 141.
R&B, 141.
Ready from Within (Clarke), 165, 223.
reconhecimento, 22, 32, 65, 144, 146, 157, 163, 165, 166, 167, 169, 197.
reconciliação, 24, 189, 195, 199.

"Recovering" (Goyen), 213.
relações mãe-filha, 43, 44. 46, 47, 48, 158.
relações pai-mãe-criança, 31, 37, 46, 49.
relações senhoria-pessoa escravizada, 28, 31, 154, 156.
religião, 156, 243, 247.
ressentimento, 189, 190, 191, 192, 195, 200.
Rice, Condoleezza, 238.
The Road Less Traveled (Peck), 27, 152.
"Rocking in the Sunlight: Stress and Black Women" (Adisa), 77.
roupas, 53, 55, 75, 109, 110, 118, 137, 142, 161, 239.

S

The Salt Eaters (Bambara), 1, 18, 19, 20, 24, 79, 174, 183, 223.
sapatos, escolhas, 110, 111.
Sassafrass, Cypress and Indigo (Shange), 18, 174, 215.
saúde mental, 21, 22, 88, 92, 180, 232, 237, 251.
    bem-estar psíquico/psicológico, 17, 21, 74.
    estresse no trabalho, 64, 126.
    atitudes em relação à terapia, 88, 92.
    homens negros, 180.
    necessidades não atendidas, 251.

Schaef, Anne Wilson, 93.
Scott, Kesho, 161, 226.
Seattle, chefe, 204.
segurança financeira, 63.
segregação, 14, 15, 70, 120.
    comunidades em, 70.
Seminoles, 204.
serviço social (assistência social), 54, 56, 57, 60.
    profissionais do, 57.
sexismo, 7, 15, 17, 20, 33, 56, 64, 70, 108, 134, 162, 181, 182, 183, 194, 197, 234, 235, 249.
    consciência do, 234.
sexualidade, 133, 135, 136, 140, 141, 142, 144, 146, 148, 182, 240, 241, 242, 248.
    heterossexualidade, 105, 133, 135, 140, 145, 182, 183.
    homossexualidade, 248.
    repressão, 145.
    sexualidade sagrada, 144.
    sexo seguro, 145.
Seus olhos viam Deus (Hurston), 216, 224.
Shange, Ntozake, 14, 97, 145, 146, 163, 176, 226, 230.
Siegel, Bernie, 123, 194, 226, 227.
sinceridade, 29, 31, 37, 41, 42, 44, 146.
síndrome de mártir, mulheres negras, 108.
Sinetar, Martha, 58, 63, 227.

Sobre a morte e o morrer (Kübler-Ross), 118.
sobrecarga de trabalho, 103, 154.
solidão, 19, 77, 126, 174, 214, 216, 217, 218.
solitude, 216, 217, 226.
sonhos, 58, 60, 78, 80, 98, 218.
"Speaking of Grief: Today I feel Real Low, I Hope You Understand" (Davis), 121.
Spelman College, 234, 235.
Stitching Memories: African-American Story Quilts, 100, 124.
suicídio, 18, 19, 124, 125, 126, 127, 230.
Sula (Morrison), 157, 158, 160, 226.
Sweet Honey in the Rock, 117.

T

televisão, 22, 33, 57, 99, 102, 113, 115, 171, 179.
Ver também mídia de massa branca.
A Testament of Hope (King), 80, 225.
testemunho, 24, 30, 34, 95, 127, 205, 220, 248.
terapia, 8, 22, 37, 60, 64, 88, 92, 176, 248.
Thurman, Howard, 169, 224.
"A Time to Break Silence" (King), 192.
"Tip Drill", clipe, 234.
"To Be Black, Gifted, and Alone" (Campbell), 126.
To Be Young, Gifted, and Black (Hansberry), 139.
toque, 104, 137, 138, 139, 143, 144, 215.
cura e, 139.
estimulo físico e emocional, 138, 139.
experiência, 137, 139, 144.
trabalho, 7, 9, 10, 53, 54, 55, 56, 57, 58, 59, 60, 61, 62, 63, 64, 65, 66, 71, 73, 75, 77, 87, 91 94, 103, 108, 117, 122, 126, 129, 151, 169, 170, 180, 181, 203, 206, 213, 230, 231, 232, 233, 239, 246.
adoça a vida, 53, 55, 65, 66.
ambiente, 51, 71, 74.
cansativo/ tedioso, 60, 62.
racismo, 55, 56.
tradições africanas, 14, 15, 215.
tradições budistas, 54.
Turner, Tina, 158.

U

Unbought and Unbossed (Chisholm), 80.
Unsettling of America (Berry), 206.
"Usos do erótico" (Lorde), 133, 134.

V

verdade, 18, 23, 27, 28, 29, 30, 31, 34, 35, 36, 37, 38, 39, 41, 42, 43, 44, 50, 59, 63, 76, 98, 100, 123, 136, 144, 151, 174, 175, 176,

177, 181, 183, 184, 191, 194, 199,
200, 213, 235, 246, 247, 253.
vergonha, 37, 42, 54, 90, 144,
145, 221, 252.
do corpo, 42, 144.
pobreza e, 252.
trabalho e, 54.
vício, 17, 72, 79, 85, 86, 87, 88,
89, 90, 91, 92, 93, 94, 95, 176,
177.
álcool, 90, 91.
alimentares, 89, 90.
drogas, 88, 90, 91, 92, 93.
experiência, 86.
reabilitação de, 95.
vida familiar, 154, 178.
vigílias, 82, 120.
violência doméstica, 18, 31, 34, 151, 229, 235.
visões/ visão:
curativas, 221.
de mundo, 17, 70, 99.
dogmática, 214.
negativas, 45, 78.
positivas, 19.
vítimas, 18, 61, 90.
autoimagem de, 61.

vivendo em comunidade, 175.
sociedade racista, 54, 106, 166.
sociedade sexista, 45.
vodum, 14.

W

Wake Up! You're Alive (Fox and Fox), 198, 224.
Walker, Alice, 34, 69, 189, 227, 230.
Washington Post, 235.
When I Die Tomorrow (hooks), 117.
When Roots Die (Jones-Jackson), 224.
When Society Becomes an Addict (Schaef), 93.
White, Evelyn, 20, 227.
"Woman Poem" (Giovanni), 170.
Wonder, Stevie, 171.

Y

You Can Heal Your Life [Você pode curar sua vida] (Hay), 107, 224.

Z

Zami (Lorde), 46, 225.

Este livro foi composto na fonte Amalia Pro e impresso
pela gráfica Paym, em papel Lux Cream 60 g/m², para a
Editora WMF Martins Fontes, em fevereiro de 2025.